野球ノートに書いた甲子園3

流した汗は、グラウンドだけではない

高校野球ドットコム編集部

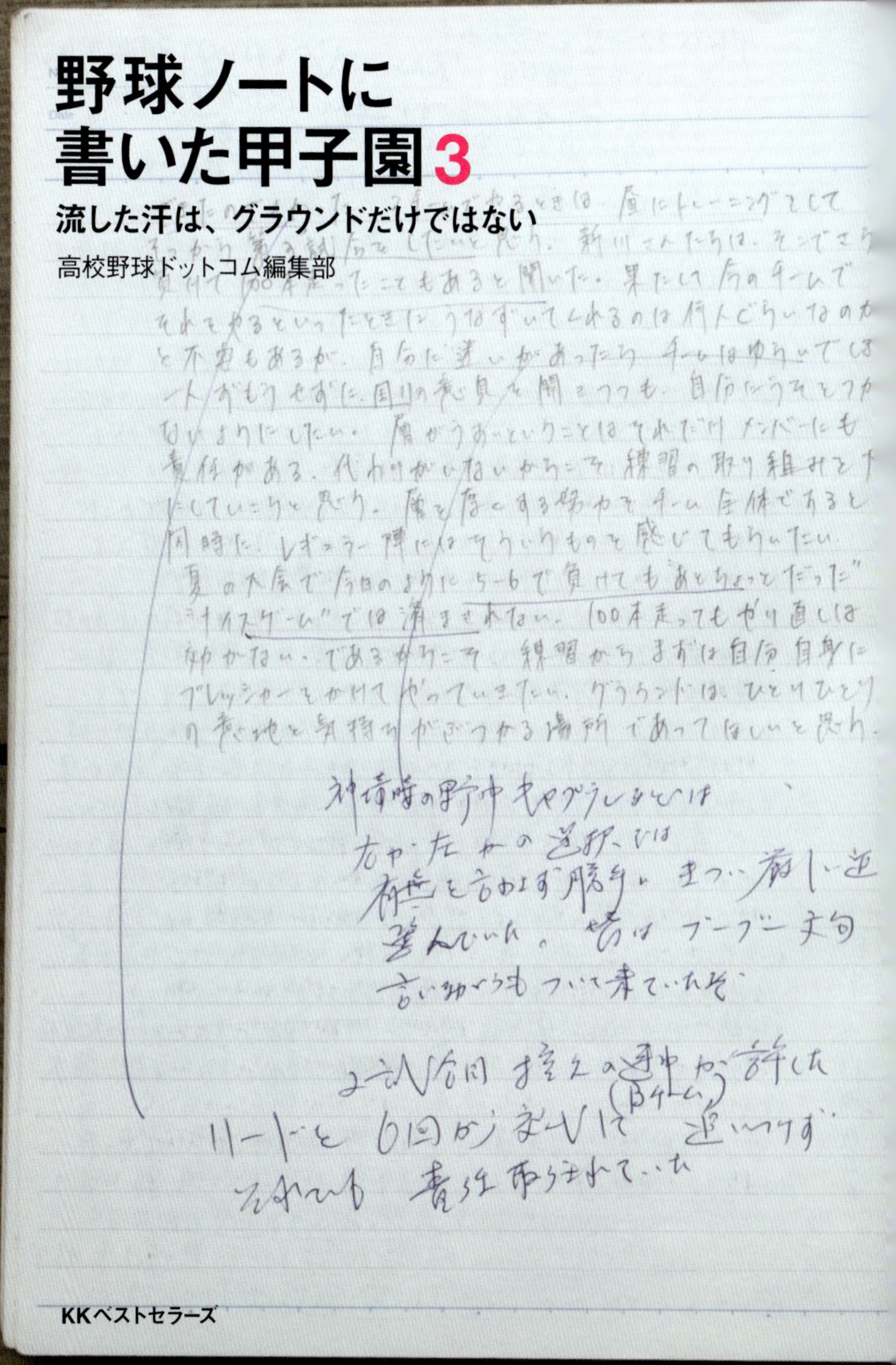

KKベストセラーズ

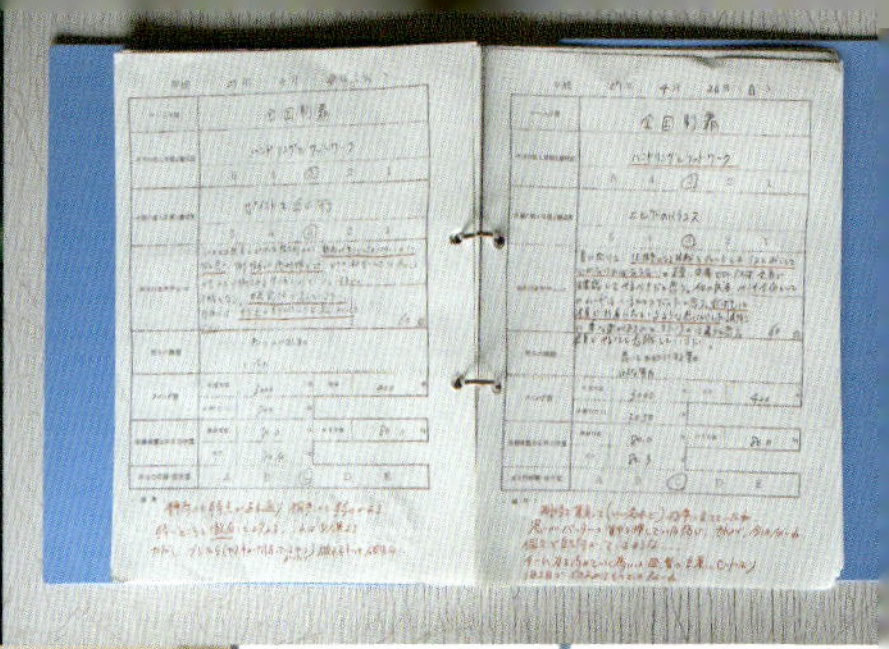

高橋 陸

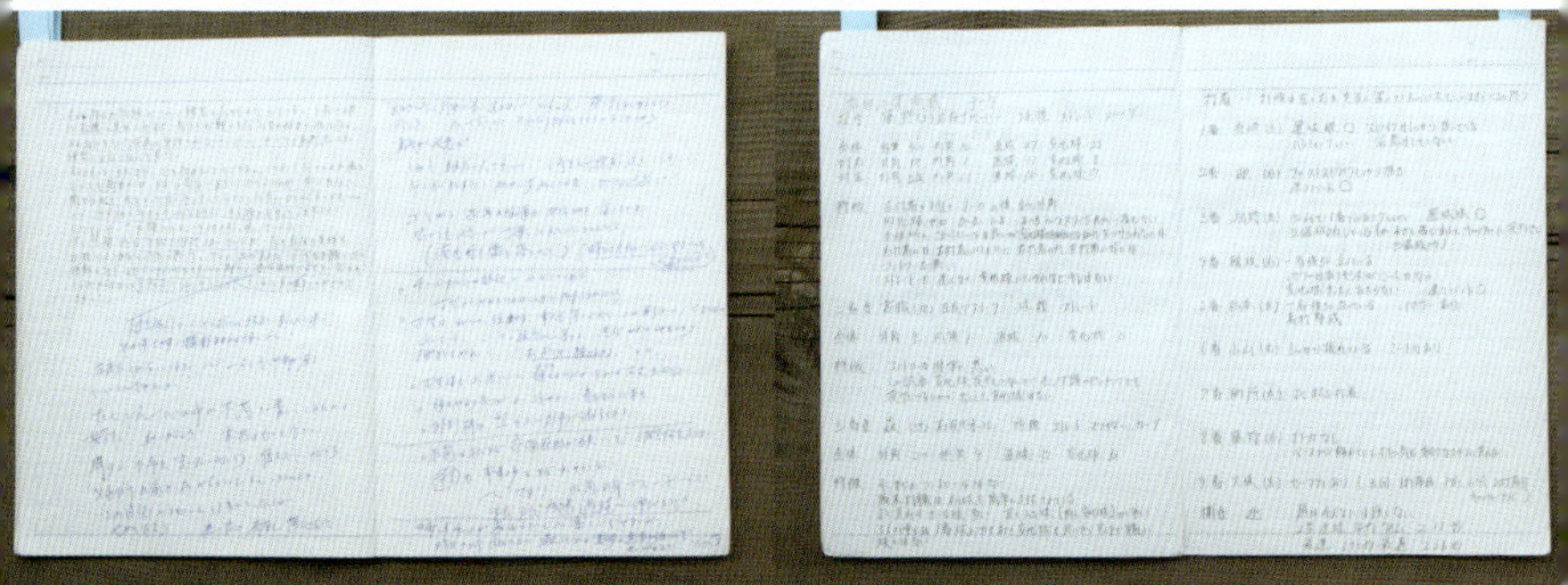

野球日誌
No.10
Campus

第89回全国高等学校野球選手権大会
佐賀県立 佐賀北高等学校 野球部
覚悟
甲子園

第89回全国高等学校野球選手権大会
優勝
2007.8.22

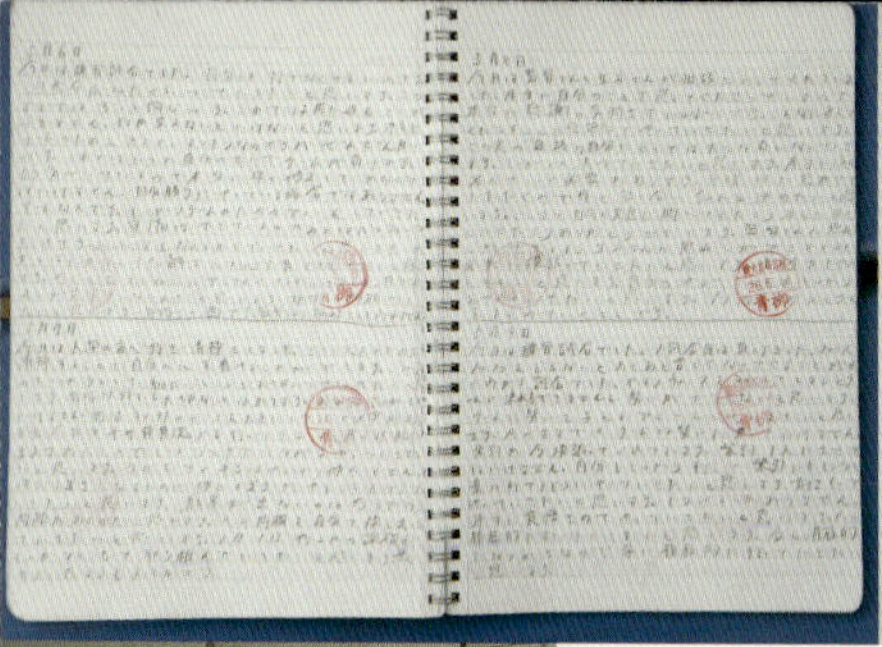

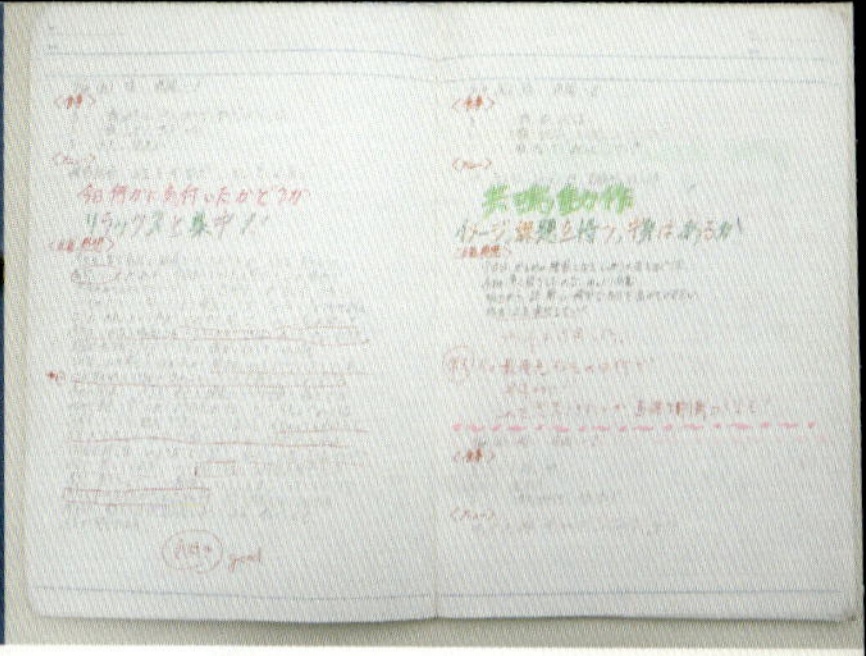

共鳴動作

KENDAi
KENDAi
BASEBALL TEAM

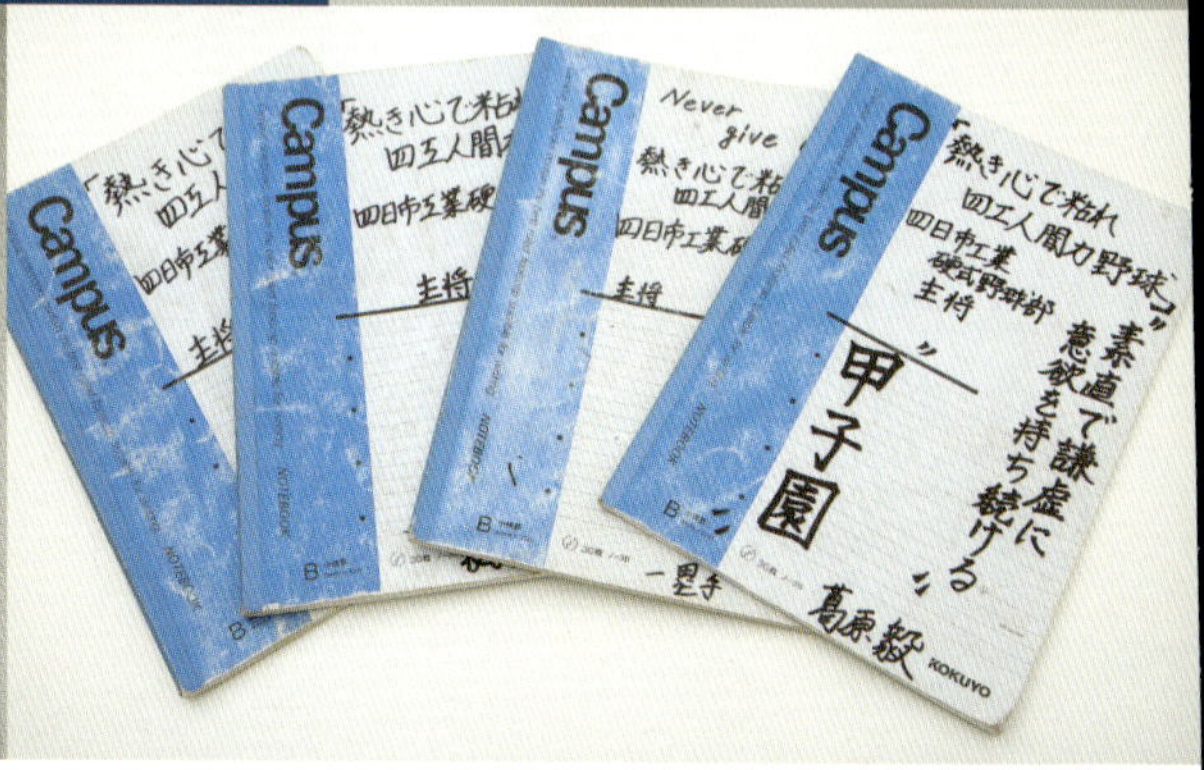

Campus
「熱き心で粘れ
四工人間力野球」
四日市工業
硬式野球部
主将
"素直で謙虚に
意欲を持ち続ける"
"甲子園"
葛原毅
KOKUYO
Never give

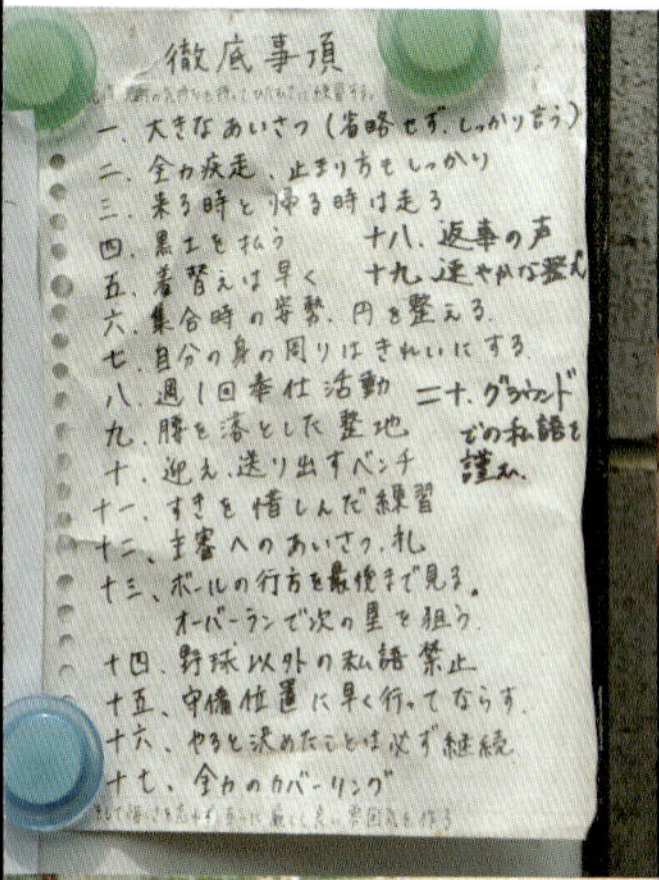

徹底事項
一、大きなあいさつ（省略せず、しっかり言う）
二、全力疾走、止まり方もしっかり
三、来る時と帰る時は走る
四、塁上をはらう
五、着替えは早く
六、集合時の姿勢、円を整える
七、自分の身の周りはきれいにする
八、週1回奉仕活動
九、腰を落とした整地
十、迎え、送り出すベンチ
十一、すきを惜しんだ練習
十二、主審へのあいさつ、礼
十三、ボールの行方を最後まで見る。
オーバーランで次の塁を狙う
十四、野球以外の私語禁止
十五、守備位置に早く行ってならす
十六、やると決めたことは必ず継続
十七、全力のカバーリング
十八、返事の声
十九、速やかな整列
二十、グラウンドでの私語を謹む

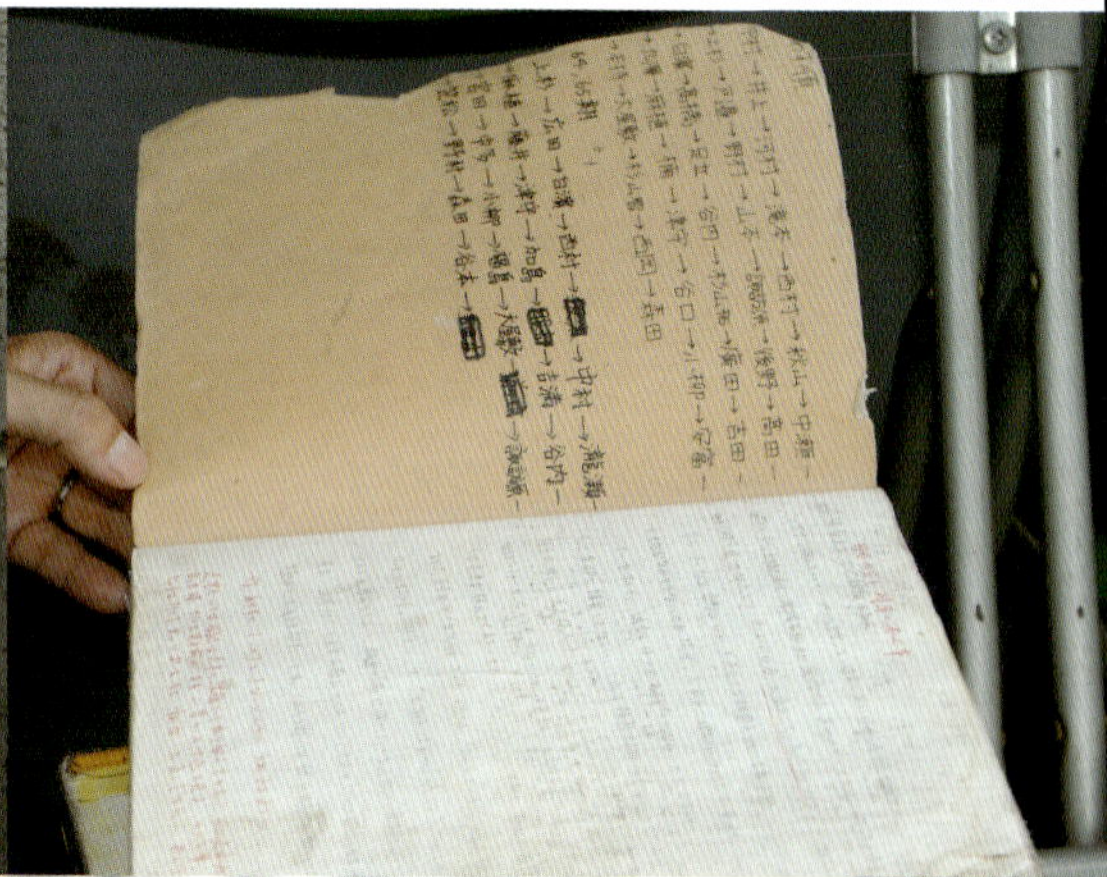

一 二 三 四 五 六 七
109年の夢

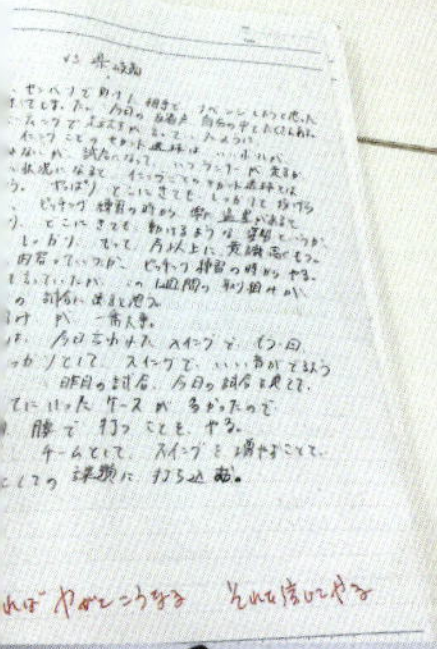

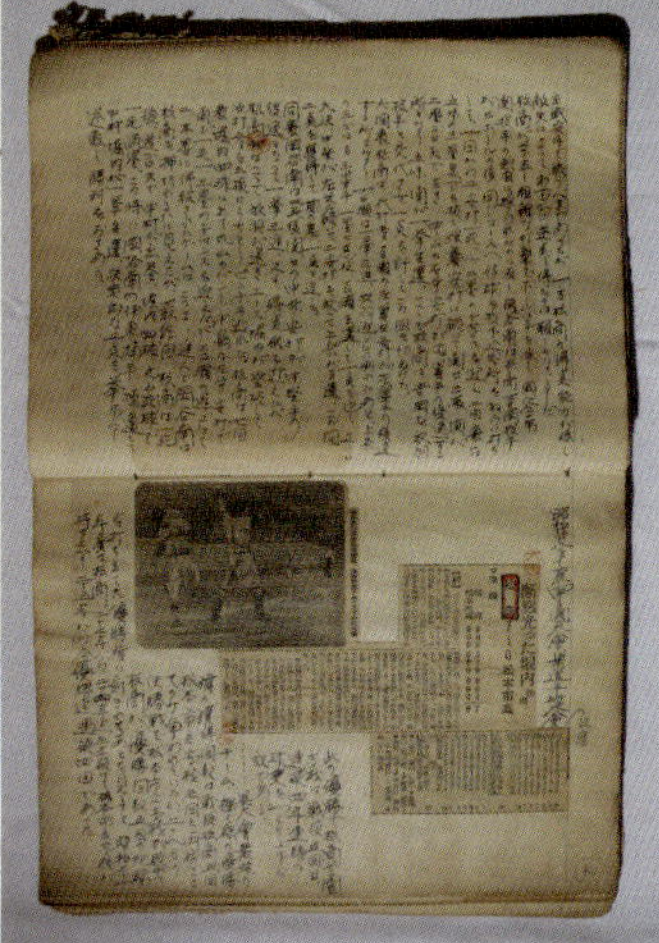

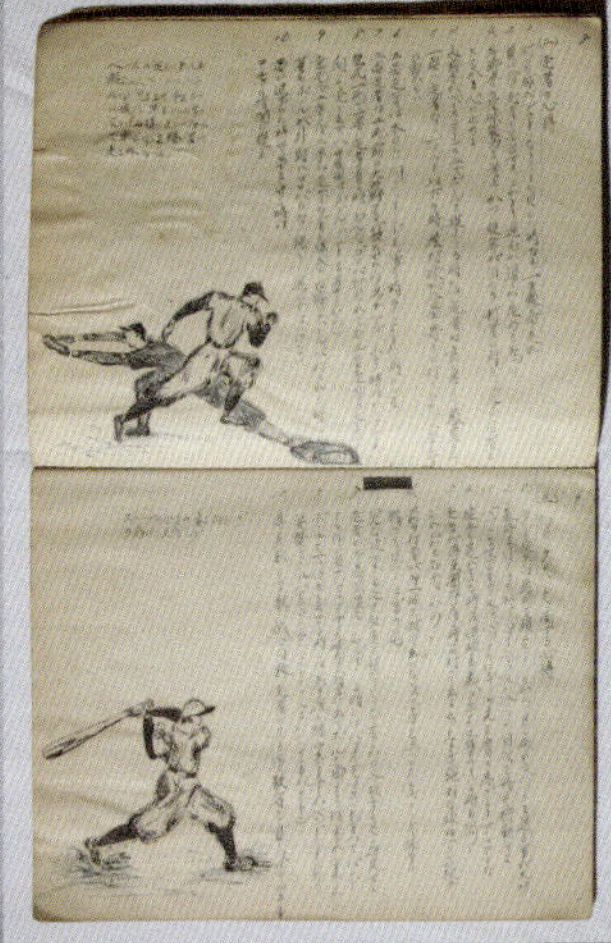

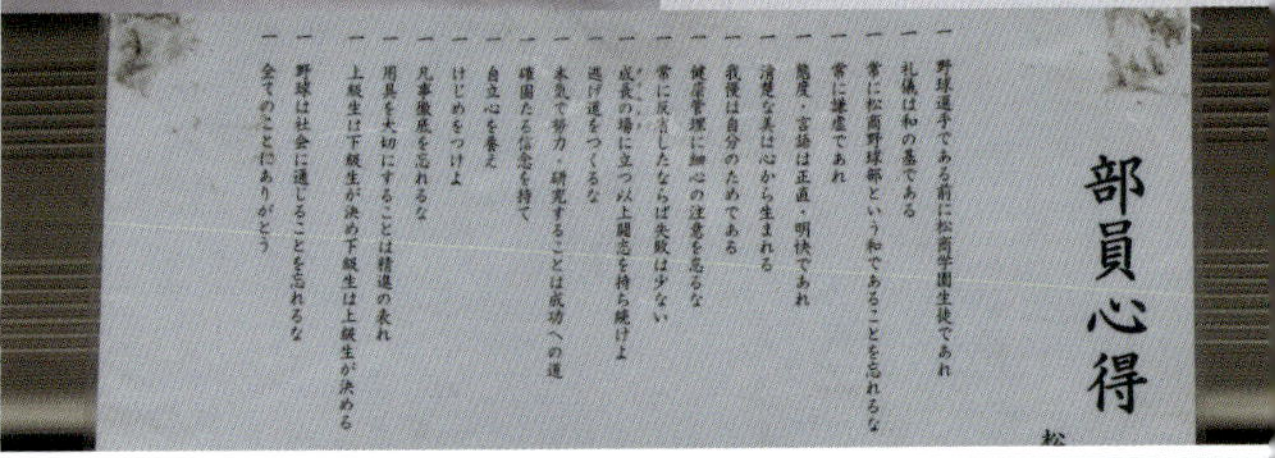

部員心得

一 野球選手である前に松商学園生徒であれ
一 礼儀は和の基である
一 常に松商野球部という和であることを忘れるな
一 常に謙虚であれ
一 態度・言語は正直・明快であれ
一 清楚な美は心から生まれる
一 我慢は自分のためである
一 健康管理に細心の注意を怠るな
一 常に反省したならば失敗は少ない
一 成長の場に立つ以上闘志を持ち続けよ
一 逃げ道をつくるな
一 本気で努力・研究することは成功への道
一 確固たる信念を持て
一 自立心を養え
一 けじめをつけよ
一 凡事徹底を忘れるな
一 用具を大切にすることは精進の表れ
一 上級生は下級生が決め下級生は上級生が決める
一 野球は社会に通じることを忘れるな
一 全てのことにありがとう

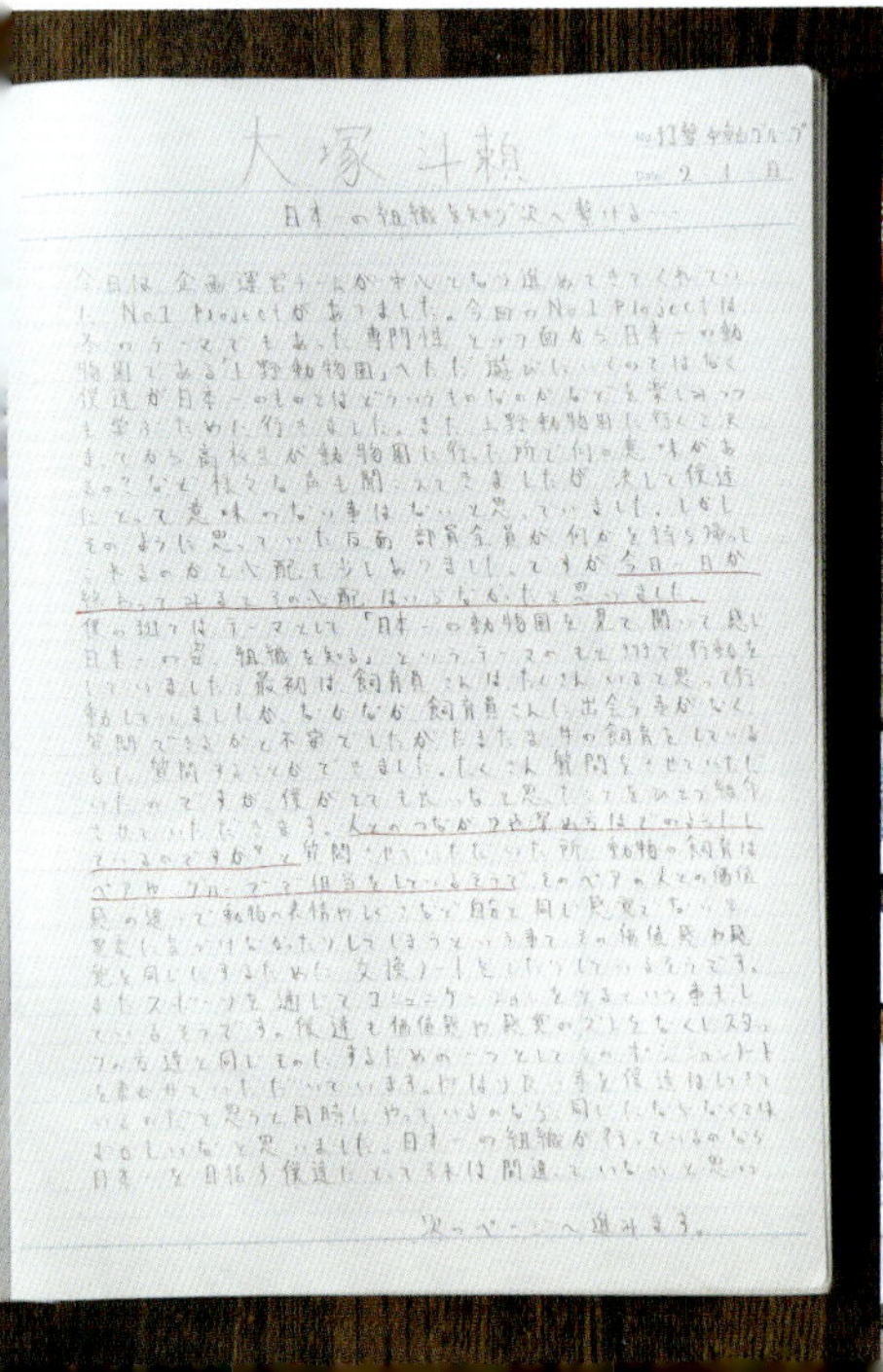

はじめに

自分が思っていること、感じていることを
素直に人に伝える。
これほど難しいことはありません。
本書に登場する球児たちは、
それを見事にやってのけ、チーム、
そして自身を成長させていきました。

ただし、彼らだって最初から
できていたわけではありませんでした。
「野球ノート」そのものの存在意義について
悩み、考え抜いてきたからこそ、
伝えることができたのです。
グラブをペンに持ち替えた
球児の想いをご覧下さい。

高校野球ドットコム編集部

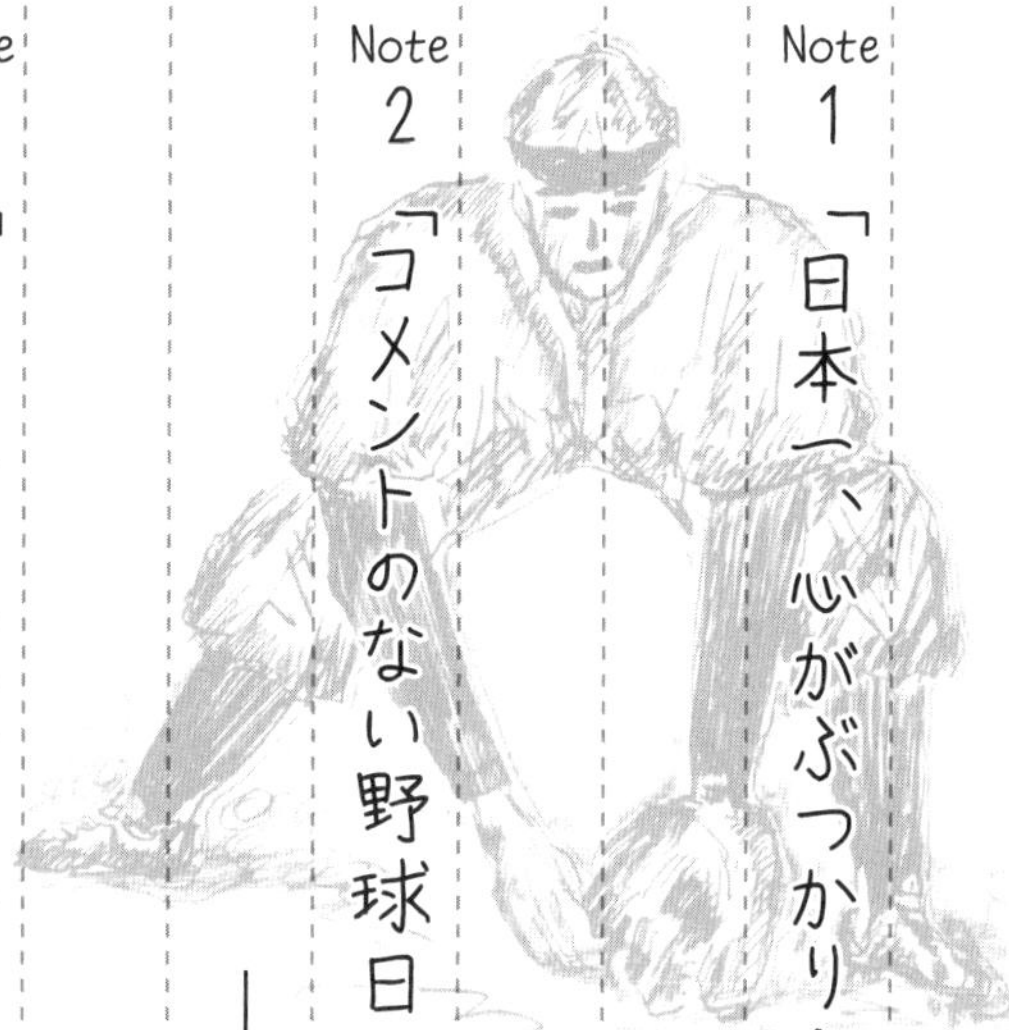

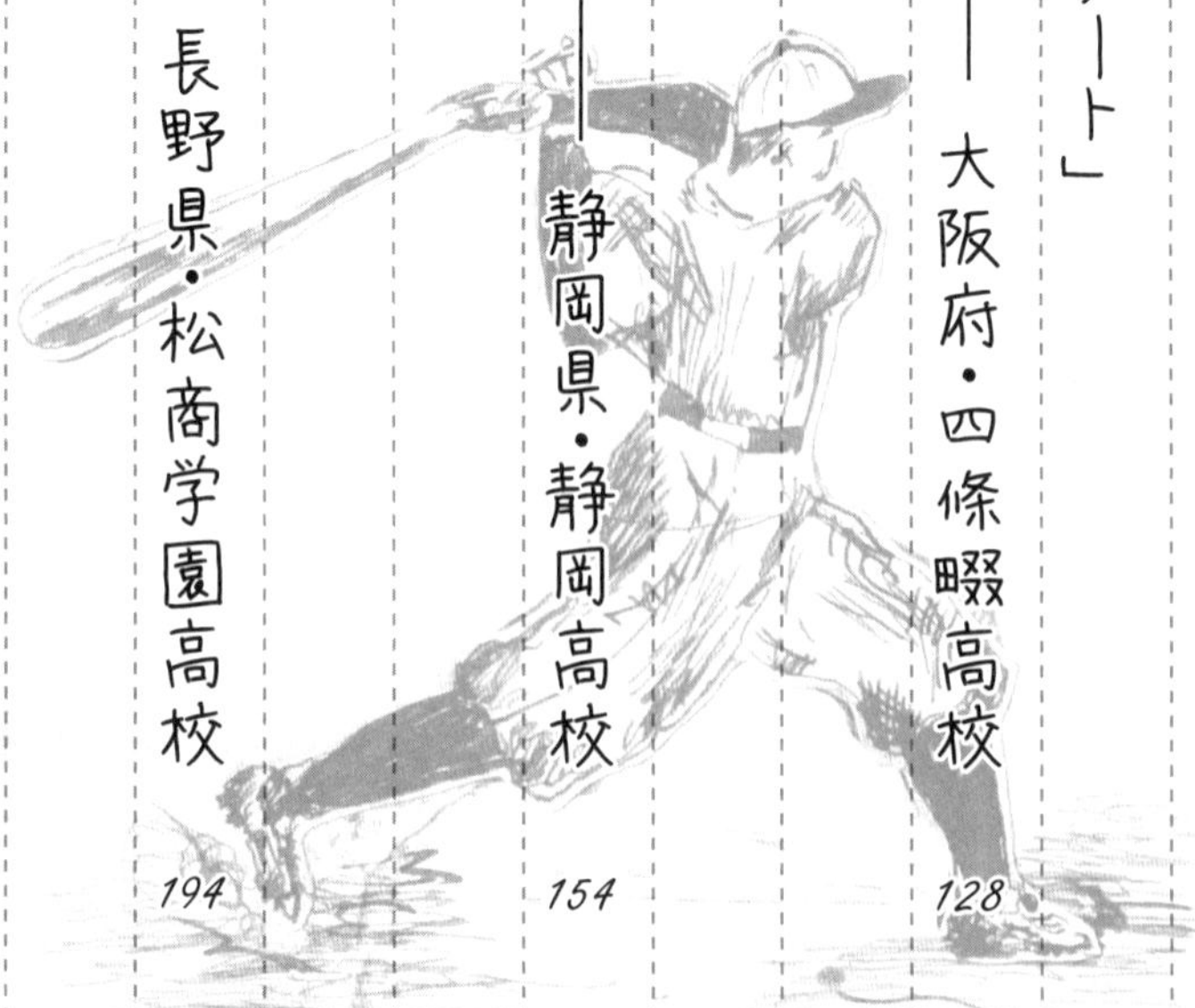

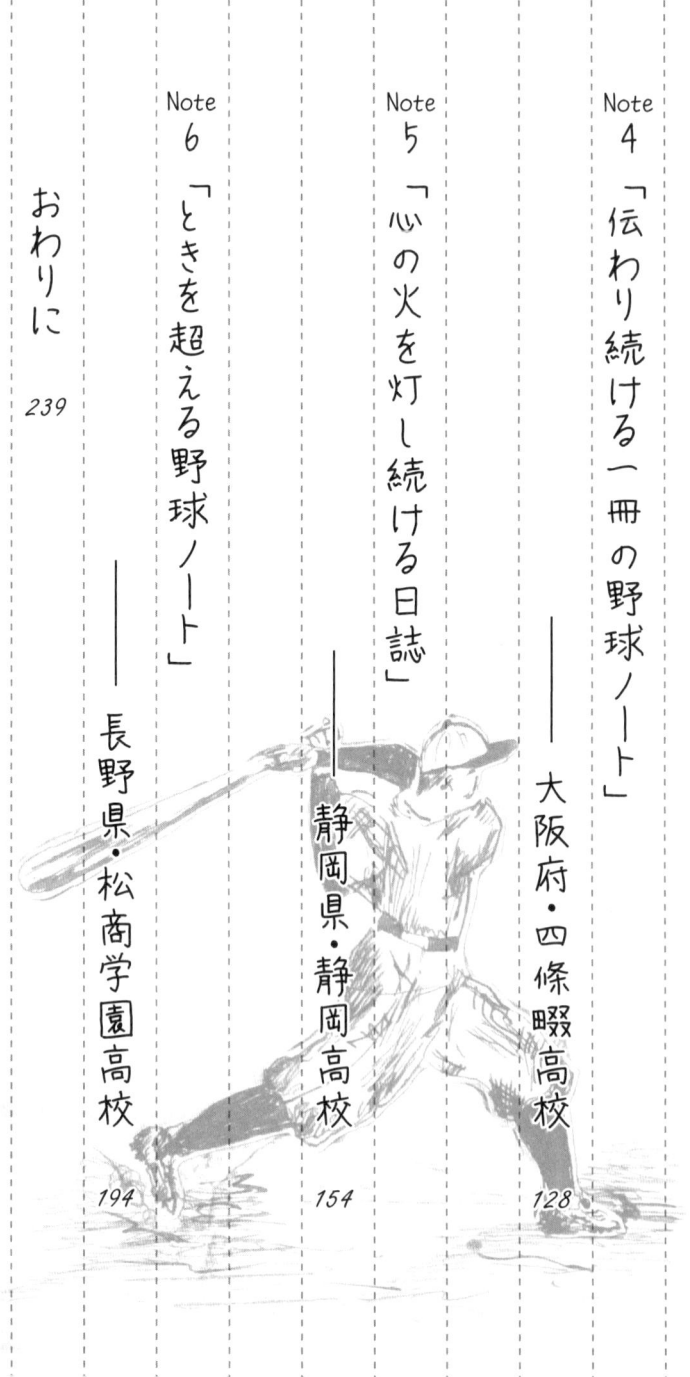

佐賀県 佐賀北高校野球部

「日本一、心がぶつかり合う日誌——記憶の鎖となれ」

何のためにノートを書くのか 監督と選手のバトル、本音、言葉。

かつて“がばい旋風”として日本中の注目を集めた佐賀北高校。奇跡を作り上げた陰にあった、いまなお続く、日本一、心がぶつかり合う野球日誌。

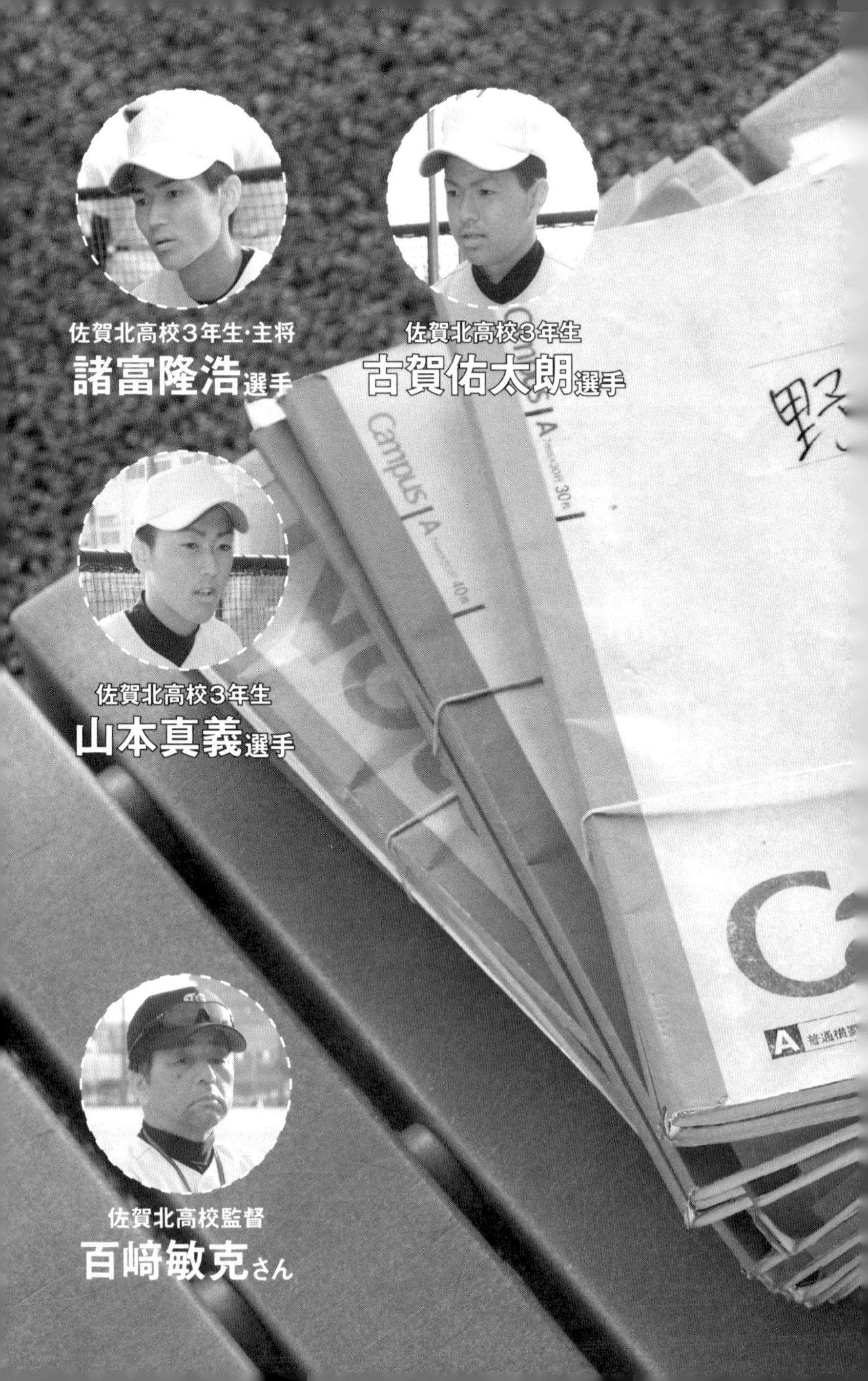

佐賀北高校3年生・主将
諸富隆浩選手

佐賀北高校3年生
古賀佑太朗選手

佐賀北高校3年生
山本真義選手

佐賀北高校監督
百﨑敏克さん

佐賀県立佐賀北高校（さがけんりつさがきたこうこう）　所在地は佐賀県佐賀市。２０００年に夏の甲子園初出場、２００７年には全国制覇を果たす。夏の甲子園４回出場。

日誌に書かれたバトル

強烈なひと言で始まった野球日誌がある。

最近の日誌のコメントは理解できない。自分の中でも混乱している。そして腹が立つ。

夏の大会まで残すところあと3カ月に迫った4月30日のこと。書き手は昨夏、２０１４年に甲子園出場を果たした佐賀北高校で、２年生ながら３番手投手としてベンチ入りし、新チームとなった秋季大会では背番号1をつけてベスト４最大の立役者となった古賀佑太朗だった。

夏の甲子園での登板機会こそなかったが、百﨑敏克（ももざきとしかつ）監督が「お前ひとりで投げ切るつも

りでいてくれ」と伝えるくらい、新チームにおける古賀の存在感は際立っていた。そして期待に違わぬ活躍をみせる。古賀が最上級生となって最初の甲子園のチャンス、秋季大会。二回戦からの登場となった緒戦、佐賀工業高校戦で被安打3、9三振を奪い完封。続く鳥栖高校戦も2失点完投でベスト8に駒を進め、準々決勝となった唐津西高校戦は途中から登板し無失点。切れのあるストレートを軸にピンチでも動じない強気の投球でチームを支えたサウスポーは、準決勝まで22回を2失点、防御率は0・85と抜群の安定感をみせた。九州大会にあと一歩まで迫った準決勝。対する相手は県内でも屈指の強豪であり、ライバルと目された佐賀学園高校。これに勝てば甲子園も視界に入る――そんな一戦で古賀は大きな転機を迎えることになる。

この試合、佐賀北高校の先発は、準決勝の唐津西高校戦で好投した右腕・鵜池健太郎。しかし、その鵜池が早々につかまる。初回に4本のヒットを集められ、あっという間に2失点。2アウト2、3塁とピンチが続くなかで、佐賀北高校はたまらずエース古賀をマウンドに送った。古賀はフォアボールを出して満塁のピンチを背負うものの、無失点に切り抜け嫌な流れを断ち切る。その後、佐賀北高校が5回に1点を返すと古賀はマウンドで躍動し、強力佐賀学園高校打線のスコアボードに0を並べた。しかし――。1対2で迎えた

8回裏、佐賀学園高校の攻撃。マウンド上にいた古賀は自分の体の異変に気付いていた。前の回から左肩に力が入らない……。

古賀はこの回に1点を失い1対3。佐賀北高校は9回表に1点を返したものの、2対3。甲子園へと続く道は、半ばでついえた。そして……7回⅓、被安打2で1失点、6奪三振という古賀の堂々たる投球の対価は敗戦であったばかりか、もっと残酷なものであった。古賀はこの日を境に公式戦はおろか、練習試合ですらマウンドに立つことができなかったのだ。日誌に「腹が立つ」と思いをぶつけた数日前まで——。

佐賀北高校といえば「がばい旋風」。そう記憶している高校野球ファンも多いだろう。

2007年夏の甲子園。それまで甲子園で1勝もしたことがない「無名の県立高校」は、一気に甲子園の頂点にまで上り詰めた。それも数々の激闘を制して。例えば2回戦、宇治山田商業高校との一戦は延長15回で引き分け、翌々日の再試合を制した。例えば準々決勝、優勝候補に挙げられていた帝京高校戦では、幾度とあったピンチを好守でしのぎ延長13回を戦い勝ち上がった。例えば決勝戦、広陵高校戦では0対4と劣勢で迎えた8回に一挙5点、それも逆転満塁ホームランという劇的さで歓喜の瞬間を迎えた。日に日に強くなるひ

たむきな佐賀北高校の躍進は「がばい旋風」と称され、日本中が注目し、涙したのである。いったい、どうして「無名の県立高校」は優勝をすることができ、そしてまた人の心を掴むチームたりえたのか。

それを支えたもののひとつが野球日誌の存在だった。

「私と選手の約束はふたつ。靴を揃えなさい、毎日野球日誌を出しなさい。それだけです」と百﨑監督が言うように、〝義務〟として課せられているこの取り組みは、佐賀北高校野球部にとって欠かせないものになっている。

A4のキャンパスノート。そこに思ったことを書き記し、監督に提出。監督はそれにコメントをして選手に返す。書き方に決まりもなければ、フォーマットもない。一見すると、どこにでもありそうなその日誌は、しかし、内容で他を圧倒する。冒頭の古賀の日誌しかり、選手と監督の垣根を超えた、本音のやり取りが存在しているのだ。

4月からマネージャーとしてチームを支える山本真義は少し自嘲しながらこう語る。

「野球日誌に向かっていると、なんかこう……なんと言われてもいいや、書いてしまおうと思うというか。自分の意見を踏まえた上での先生の本音も聞けるんです。直接言えば怒

らせてしまうようなことも、日誌だと本音でぶつかりあえるというか……」

昨年のチームでは2年生ながら4番打者として甲子園の舞台に立ち、このチームでキャプテンを務める諸富隆浩も口を揃える。

「自分が不満に思ったりしたことなどを、書いたページ数だけ、同じくらい先生もコメントをして返してくださるので、先生の意見をたくさん聞きたいなと思ったときには、積極的に書くようにしています」

諸富は、野球日誌の意義をその野球日誌に記したこともあった。

12月29日（月）

日誌も、先生が自分たちに自分を見つめ直す手段として提供してくださっている。心を磨いてチームをひとつにするため、先生との意思疎通をはかるためのものであり、課題のような形で先生に見せるものではない。だから、自分も死ぬまで書けたらいいなと思う。社会に出てからも、自分を見直しながら過ごしていこうと思う。

〝先生との意思疎通〟——それは、なかなか言えない悩み相談のときがあれば、感情的

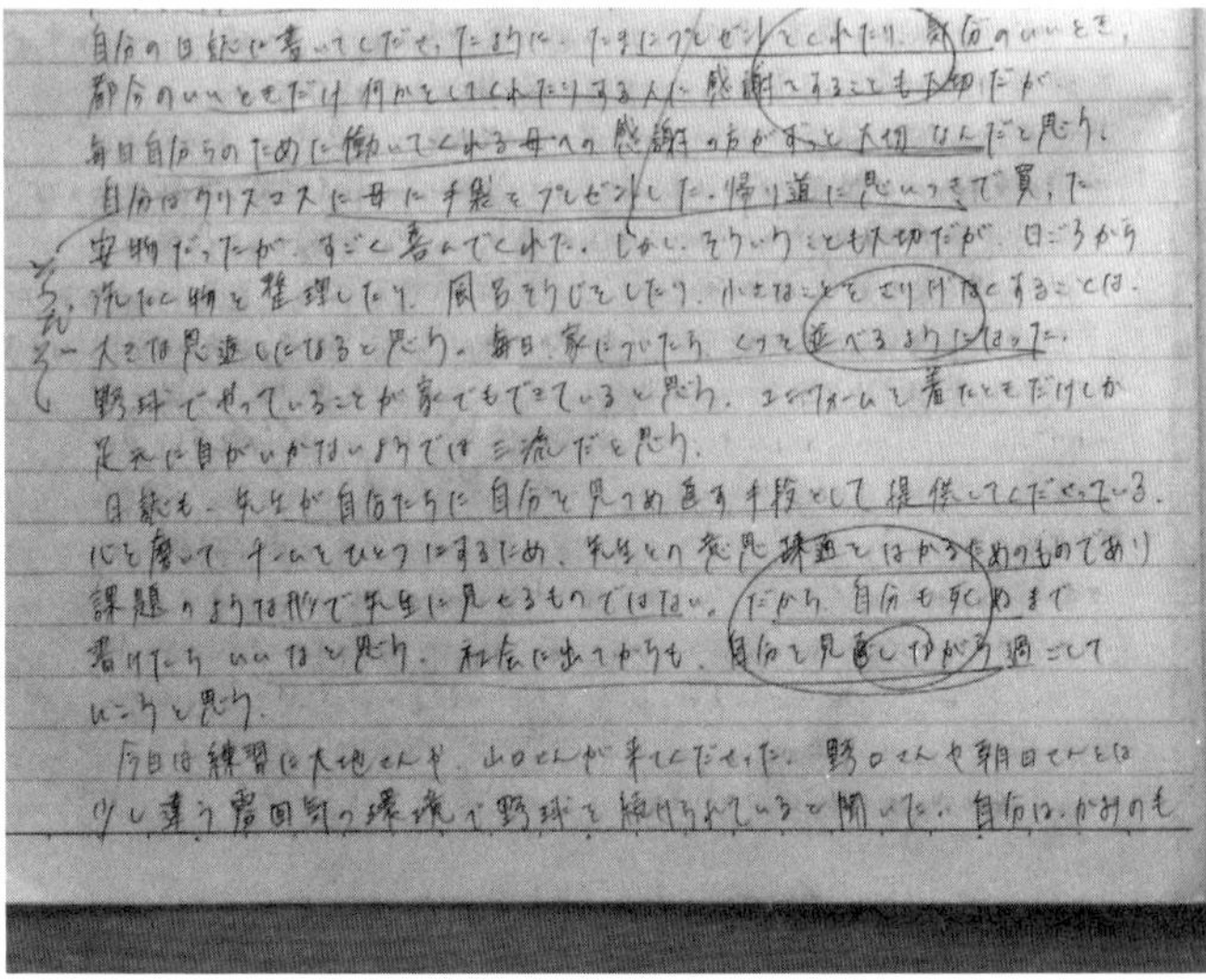

なバトルとなることもある。しかし、監督の百﨑からすれば、まさにそれこそが野球日誌に求めるものなのである。百﨑は言う。

「だいたいきれいごとをそつなく書いてますせようとするのが人間でしょう。でもそれじゃあ、おもしろくない。意味がないんです」

監督自身も本音を書こうとするから、選手へのコメントも強いものとなる。

「最初は本音を書けないこともわかっています。だけど、そういうきれいごとばかり書いてある日誌であれば、いくら数ページにわたって書いていても、お前の日誌はおもしろくない、読みたくない、つまらん、とはっきり書きます」

〝がばい旋風〟を起こしたあの夏も、エースの久保貴大投手と本音のやり取りがあった。感情を上手に表現する選手ではなかった久保に対し、百﨑は厳しく接し、日誌に強い言葉を投げかけた。それでも久保投手は淡々と練習し、「故障するからもうやめろ」と言ってもダッシュを続け、感情を見せなかった。決して反発しているわけではない。それでも、監督からすれば心が通っているという実感がなかった。だから百﨑は久保投手の本音を問い続け、厳しいことを日誌に書き続けた。そしてある日の日誌。

「『オレだってがんばっているんです！』というようなことを書いてきた。あれはうれしかったですね。『ようやく本音を書いてくれたな』と返したことを覚えています」

佐賀北高校は、野球日誌での監督との本音の付き合いを通じて技術を磨き、心を磨き、強豪チームとなっていったのである。

エースの怒り

話は冒頭の日誌に戻る。

4月30日に怒りの日誌をしたためたとき、古賀の背中には、秋にあった「1」はもとよ

り、背番号すらついていなかった。古賀は、秋の佐賀学園高校戦以降、肩の痛みが引かず、投げることすらままならない日々が続いていたのだ。投げたいのに思い通りにならない肩。いくつも通った病院、効果の出ないリハビリ、夏まで時間がないという焦り……古賀の胸のなかにはいろいろな思いが去来していた。

「秋の段階では自分しか投げられるピッチャーがいなくて、全部ひとりで投げようと思っていました。あの試合7、8回でもう手に力が入らないくらい痛くなっていたんですけど、絶対に甲子園に行きたかったですし……。でもここまでひどくなるとは思ってなくて。それ以降は、いろいろありすぎて……それはもうきつかったです。ずっとエースで投げてきて、ほかの投手が投げることすら悔しかったのに、その大会で自分以外の投手が投げて負けたらもっと悔しくて。秋以降、自分ではなんとかしないといけないと思うんですけど、なかなかそれについてこなかった」

冬が明け、公式戦が近づく3月。古賀は日誌で百﨑と今後の目標を立てた。

3月19日（木）

今日は50m前後まで下がってキャッチボールをしました。途中までは良かったの

ですが、1球ものすごく痛いのがいきなりきて、それから強張りまともに投げきれなかった。心ではこわくないと思っていてもどうしても体がそうなってしまいます。どのようにのりこえていけばよいですか。

リハビリとはそういうものだよ。確実によくなっているのは分かるはず。痛みがゼロのほうが逆に怖いだろう（恐る恐るで！）

1つの痛みを乗り越えた先にまた階段を1段昇っていく、今日は50m　明日は55mとか、今日は50%の力、明日は60%……というように負荷を少しずつかけたり、強弱をつけて自分の体を試していく　探っていく〜楽しいじゃないか！

[目標] ①3週間後の下関球場での下関商戦をまず第1目標にしよう（1イニングでも投げる！）

②次に4月末の藤蔭戦を目標（5イニング以上投げる）

③5月市長旗大会頃完全復活　5／20

翌日の日誌で「ありがとうございます」と書いた古賀は、夏のマウンドを目指し、目標

No.

Date

3月19日(木)　　　　　　　　乗り越

今日は雨が降ったが思ったより以上にグラウンドが回復したので実戦的な練習もできたのが良かったです。今日は50m前後までさがってキャッチボールをしました。途中まではよかったのですが1球ものすごく痛いのがいきなりきて、それから思い切りまともに投げきれなかった。心では恐くないと思っていてもどうしても体がそうなってしまいます。どのようにのりこえていけばよいですか。しかし明日もしっかり投げたい。今日は3ヶ所フリーに入らせてもらった。木で打ったがとらえてもあまり飛ばずなかなか重かった。とてもよい練習になりました。

リハビリとはそういうものだよ。

確実によくなっているのは分かるはず。

痛みが　の方が　逆に　怖いだろう（恐る恐るで！）

1つの痛みを乗り越えた先にまた階段を1段昇っていく。

今日は50m　明日は55mとか、

今日は50％の力、明日は60％——

というように　負荷を少しずつかけながら

強弱をつけて　自分の体を試していく

探っていく〜　楽しいじゃないか！

目標
① 3週間後の下関球場での下関商戦を
　　まず中1回投げよう（1イニングでも投げる！）
　　藤蔭戦を目標（5イニングくらいを投げる）
② 次は4月末の（4/26）
③ 5月 市長旗大会頃 安全第一 5/20

に沿って自分を奮い立たせようとする。しかし、現実の古賀の言動は日々の肩の状態に大きく振り回された。最初の目標である下関商業高校戦まで1週間となった日の日誌にはこう記した。

4月5日（日）

…今日も馬場に受けてもらいました。自分も下商で投げるのは目標だし投げたいですが今の状態ではとても立てたものではない。ストレートもまだやっとキャッチャーに届くくらいに投げれるくらいのレベルでコントロールもままならなかった。変化球ならなおさらでした。思い通りに体が動いてくれないのでとてもいらいらした。弱音を吐いているつもりはないのですが冷静に考えて、今の状況では絶対に厳しいです。しかし、この1週間でなんとか投げれるようにがんばります。先生はどのように考えておられるのか教えてください。自分は本当にまだ未完成です。

実は、目標を立てて以降も、古賀の日誌はこの日と同じようなネガティブな言葉が続いていた。そしてこの日。百﨑は、古賀に強い言葉を向けた。

お前のそのマイナス発言〜もう聞きたくない　皆にもマイナス
そんならそうやって7月までぐだぐだ言って過ごせ
未完成なのは分かってる（恐る恐る背中がちぢこまって手投げをしているのだから）
今のような気持ちなら下商投げなくてよい。
下関球場というすばらしい球場で1イニングでも2イニングでも投げて　その投げる喜びを感じてもらって　次のステップへと進んでもらいたいだけだ。
お前の未完成は肩ではない。
そのマイナスの心だ。お前は自分にも周りにも甘えすぎている。4／6

翌日、古賀はささやかな反論を試みる。

4月6日（月）
自分は相談したつもりでマイナス発言などしたつもりはない。自分のような状況

No.

Date

4月5日(日)

今日は意外にも雨が降らずに試合もできたので良かったです。今日は高嶋さんがこられてたので一緒にキャッチボールをしてもらいました。前からするとかなり投げれるようにもなったし、良くはなってきてると思う。今日も馬場に受けてもらいました。自分も下手で投げるのは目標だし投げたいですが、今の状態ではとても立てたものではない。ストレートもまだやっとキャッチャーに届くくらいに投げれるくらいのレベルで、コントロールもままならなかった。変化球ならなおさらでした。思い通りに体が動いてくれないのでとてもいらいらした。弱音を吐いてるつもりはないのですが冷静に考えて今の状態では絶対に厳しいです。段階とはいえどもあまりにもぶざまな姿でマウンドには立てません。しかし、この1週間でなんとか投げれるようにがんばります。先生はどのように考えておられるのか教えて下さい。自分は本当にまだ未完成です。

お前の その マイナス 発言

へ もう 聞きたくない　聞いても マイナス

そんなら そんなやつ 9月まで ぐだぐだ 言って 過ごせ

未完成なのは分かってる (恐る恐る 背中がちぢこまって

手投げをしているのだろう)

今のお前が 下手 投げれてない

下関球場という すばらしい 球場で 1イニングでも

1イニングでも 投げて その 投げる喜びを

感じてもって 次のステップへと 進んでもらいたいんだ。

お前の未完成は 肩ではない。

そのマイナスの心だ。　お前は自分に周りにも

甘えすぎている。

4/6 (印)

ならばいろいろ考えるのがあたりまえだと思う。先生が下商で投げさせて下さって少しでも完成に導いてくださろうとしているのもわかっているし、自分だって投げたいんです。しかしあんなにひどい状態で投げてよいのかなと考えてしまう。未完成は肩ではなく心だと書かれましたが自分はそうは思っていません。自分はマイナスな考え方だとは思っていないからです。色々と考えながらやっていくのは当然だと思う。

これに対し百﨑は、半ば突き放したようなコメントを残した。

下関球場での登板はオレが掲げたお前への第一目標だから投げられないなら投げなくてよい。それより学校生活　授業しっかりやれよ　単位は簡単にもらえないぞ

（1、2年の時のようにもうお願いは俺からはしない）

翌日からの日誌は当たり障りのない内容に終始する。古賀は、こう言う。

「少し溜まっていたというか……。腹が立つというようにしか思えなくなっていました」

一方の百崎は、古賀が前向きな言葉を書けば、前向きに答え、後ろ向きな言葉を書けば厳しい言葉を投げつけた。

そして結局、第一目標である下関商業戦に古賀がマウンドに立つことはかなわなかった。狂い出す歯車は、古賀を一喜一憂させる。その焦りは日誌から滲み出ていた。

4月22日（水）

もう時間は限られてきている。5月いっぱいまでにマウンドに立って、5イニングぐらい投げられるようにならないと夏には間にあわないので高校野球人生に悔いのないようにあと2ヶ月がんばりたい。結局、市長旗も投げれず先生にいただいた3つの目標も果たせることができなさそうだ。本当にチームに申し訳ない。しかし、このままずるずるいくことはできないのでまた次にむかってがんばります。

目標はあくまでオレの目標　しかしはじめからあきらめてはいけない　4／23

4月23日（木）

今日もいつも通りにキャッチボールをしましたが、なかなか感覚がつかめなかった。〈略〉しかし焦ってやるしかないと思って毎日投げているがなかなか思い通りのフォームで投げれない。本当に悔しい。〈略〉自分も弱い人間なので心が折れそうになることが何回もあります。毎日、プラスプラスに考えようとしているがいざ投げたら落ち込んでしまう。本当にだめだと思う。チームには迷惑をかけたくないので明日からまた元気にがんばりたい。

あと2ヶ月ちょっとで夏。

完璧でなくてよい。まず

1．打者に投げる　ヨレヨレでもOK

醜態（みにくい姿）を見せることを恐れない

2．グラウンドに出て走り、グラウンドに出てトレーニングし、グラウンドに出て皆にハツラツとした動きを見せよ

声をかけよ！

お前は甘い！　どこまでもずっと甘い！　逃げるな
親に甘え、仲間に甘え、自分に甘えている。　4／24

悪いことばかりではなかった。第一目標だった下関商業高校戦から二週間後。古賀は半年振りにマウンドに立つ。1イニングだけ、それも打ち込まれることになるのだが、その日の日誌は喜びに溢れていた。

4月26日（日）

今日は自分にとって本当に最高の1日だった。投げる前から今日はマウンドに立つことが目標などのでとりあえずマウンドに立つ姿をみんなに見せれたら良いと思ったし、自分にもプラスになってくれればそれで良いと思った。みんなは自分が投げる前に必死で点をとってくれ、自分が打たれて逆転されても、また逆転してくれて、本当にみんなの気持ちが伝わってきた。ベンチのみんなもものすごく声を出してくれた。普段は集中しているのでベンチの声などあまり聞こえないのですが、それでも今日ははっきりとみんなの声が聞こえた。百崎先生の声も聞こえて本当に盛

り上げて下さっていて嬉しかった。自分はこんなに期待してもらい支えてもらいどんなに幸せ者なのかと思った。まだまだ結果はついてきてないが復帰して、みんなを甲子園に連れて行きたいと思いました。〈略〉今日はチャンスを下さってありがとうございました。〈略〉

もちろん百﨑にとってもうれしい一日だった。

「ベンチから声も出ていたし、みんなもよく古賀を励ましていた。僕も声を出してね」

それでも……ここで、古賀の気持ちを緩めてはいけない、という思いもあった。だから、この日以降も、日誌では鼓舞し続けた。


ようやくスタート地点に立った。

しかし、今のペースで今の歩みではこれからの大会（夏まで）ない。その時はバ※Pなどサポートにまわれ。もう残された時間は2ヶ月。捨てでも任せる試合はたとえ練習試合でもないぞ。4／27

※（編集部注）バP、バッP、バッピはバッティングピッチャーのこと。本書ではノートの表記を優先しています。

チームのことが最優先　お前のために1イニングでも捨てる試合はない。練習で結果も出さずマウンドに立たせるのは、この前の日曜が最後だ。トレーニングも皆が見ている所で皆が「古賀がんばってる」と分かるようにやれ！

（それがチームのためにもなる）

皆のムードを高めるよう声を出してハツラツとやれ！

公式戦、練習試合がこれから登板ゼロでもバPやトレーニングなどでチームに貢献することはあるはず。

4／28

自分で裏方と決めているようなので（情けない奴だな）

しっかりバPなどサポートをやれ！　P陣（1、2年）を引っぱって走りこめ！

投げさせるつもりもなかったが…ブルペンでアピールしていた明石を投げさせた。

オレはそういう奴を使う。他人に言われ…そういう奴は頼りにならない

少し厳しく言われてマイナスのことを考える…そういう奴はもっと頼らない

4／29

そして……ついに古賀はその胸のうちを爆発させた。あの日、4月30日の野球日誌には続きがある。

4月30日（木）

最近の日誌のコメントは理解できない。自分の中でも混乱している。そして腹が立つ。何か先生は自分が弱気で逃げている、そして投げないと思っていると感じた。自分は1年の秋からチームのためにならどうなっても投げるつもりでいた。そして新チームになりその責任感は一層強くなった。先生も自分にこれからはお前1人で投げろと言われたのを忘れません。自分もエースなら当たり前だと思ったし、実際に練習試合でも大会でも自分が投げぬいた。学園戦の7、8回は本当に肩が痛くて力も入らなかったが先生には代えて下さいとも言えなかった。そして、自分は本気で選抜をねらっていたしみんなもそうだったに違いない。エースならば最後までどうなっても投げぬくべきだと思って投げた。その結果今に至る。そして春に負けた後にミーティングで先生はみんなに秀島を投げさせなかったのは、夏もみすえてつ

ぶすことはできなかったからだといった。自分は何で秋の時点で気づかないのかと腹がたった。そして秀島がエースであるならば自分みたいに最後まで投げさせないのですか。自分は秋はお前一人で投げろと言われたことは一生忘れないだろう。先生は自分に甘えている。逃げているとしか言わないが自分は全くそうは思わない。学園のときに代えて下さいと言うこともできたが本当に甲子園に行きたかったし負けたくなかった。二度と投げれなくてもいいからと覚悟をしていた。そしてリハビリを続けみんなも期待してくれ、自分もこの前投げて喜んでくれていた。先生は山本や諸富などの日誌に夏はムリだからサポートにまわらせると書いていたがそんなのを指導者が言ってしまえばおしまいだ。自分は別に厳しい事を言われるのはかまわないがかんちがいされるのだけは嫌です。うだうだ言って投げない、逃げていると言っていますが、自分の肩はもう本当に限界で痛いです。この前の試合が終わった後、そしてバッピで投げてみたが本当に激痛でまともに投げれずバッピすらもつとまらなかった。もう本当に弱音とかではなくて本気でこの1週間サポートにまわるべきなのか悩んでいる。別に先生から厳しい事を言われたからとかでもなく、自分はチームのためになにができるのかなって冷静にかんがえたときにもうこの肩で

は試合に出て貢献するということは厳しい。また逃げなど甘いなど言われるかもしれないが、もうそれならそれで良いです。ノックやトレーニングを教える事もできるし、裏方などをしたほうがチームのためなのか、本気で悩んでいます。とにかく自分が後悔だけはしないような選択をしたい。自分は諦めてはいません。当然投げたいとも思うし、がんばらないといけないと思うが、もう本当に痛くて仕方がなかった。実際にもう100キロもでないくらいしか投げれませんでした。自分もあと2ヶ月だからと開き直って投げているが痛みにはかてなかった。確かに先生が厳しく言って下さるのもわかるし、自分も甘いところはたくさんあると思う。しかし、半年リハビリをし、ここまでくれば色々考えるのも当然だと思う。もう一度自分をふりかえってみたい。そして、先生が自分にバッPなど打者にどんどん投げろと言って下さるのも本当にわかる。投げないといけないとは本当にいけないと思うが、痛くて投げれない。そして先生の要求に応えることができない自分に何度も腹が立った。でも自分は怪我したことは後悔していません。秋にあの時逃げていたらどの道、自分は成長できなかったはずだろう。あの時は自分以外にまともに投げれる者はいなかった。それもあって本当に責任感はあったし、みんなも期待してくれてい

た。でも今は逃げているなど投げないなど言われる。秋逃げなかったから今の怪我があると思う。自分はまだ投げたいという欲はあるが後悔はほとんどありません。投げることだけがチームへの貢献につながる訳ではないのでサポートだったりと役に立てる道はある。自分は1年の時から出させていただいてみんなはよくサポートなどしてくれていたので、次は自分がサポートをするべきか迷っている。一番はサポートなどにまわるのではなくばりばり投げて貢献するほうが良いと思うがそれができないのであればなにか自分にできることがあるのか探すべきなのではないかと思います。しっかり考えて決めたいと思う。

それまで古賀がここまで長い日誌を書いたことはなかった。それどころか、まだノートの半分くらいしか使ってないはずの日誌がいきなり新調される——百﨑曰く「無くしたから新しくしたんでしょうね」——ほど「いい加減」だった古賀が2ページにわたり、心のなかにある思いを書き殴ったのだ。

「こいつ、こんなに書けるんだって思ってね。いままで数行しか書けなかったやつが、ここまで書けるようになって、ぶつかってきた。そっちのほうにびっくりしましたよ（笑）」

百﨑はそう言って喜び、そして自身も胸の内にあった思いを同じく2ページにわたって書き綴った。

痛いのを気づいてやれなかったこと
あのレベルの体力しか作ってやれなかったこと
とても反省している

他の者のノートに「佑太朗はムリ…」と言ったのは勿論本気ではない
今も俺はお前の復活を願っている
この前のピッチングも1割の力しかでていなかったが涙が出そうなくらい嬉しかった。
しかしチーム内で「佑太朗が復活したら…」
そんな思いがいつまでもあったら伸びない。
それはかつて諸富に「先生は佑太朗に頼りすぎている」と言われて反省したこと。
それでもみんなお前の復活を願っている。

〜に考えたときに、もうこの肩では試合に出て貢けんするということは
〜。また逃げるなど甘いなど言われるかもしれないが、もう到らずけて
す。　ノックやトレーニングなど教える事もできるし、裏方などをしたほ
〜チームのためなのか、本気で悩んでいます。とにかく自分が後悔だけはしな
〜うな道を選択したい。　自分は諦めてはいません。　当然投げたいとも
〜うし、がんばらないといけないと思うが、　もう本当に痛くて仕方が
〜かった。　実際にもう100キロもでないくらいしか投げれませんでした。自分も
〜と2ヵ月だからと開き直って投げているが痛みにはかてなかった。
〜かに先生が厳しく言って下さるのもわかるし、自分も悪いところは
〜くさんあると思う。　しかし、半年以上もごまかし、ここまでくれば言え
〜えるのも当然だと思う。　もう一度自分をふりかえってみた。
〜して、先生が自分にハッパなど打者にどんどん投げろと
〜って下さるのも本当にわかる。　投げないといけないとは本当に
〜けないと思うが、痛くて投げれない。そして先生の要求に応える
〜とができない自分に何度も腹が立った。　でも自分は怪我し
〜ことは後悔していません。　私にあの時逃げていたら、
〜の後、自分は成長できなかったはずだろう。あの時は自分以外
〜まともに投げれる者はいなかった。　それもあって本当に責任
感はあったし、みんなも期待してくれていた。でも今は逃げて
〜るなど投げないなど言われる　私は逃げなかったから今の
怪我があると思う。　自分はまだ投げたいという気はあるが後悔
〜はほとんどありません。　投げることだけがチームへの貢献に
〜つながる訳ではないのでサポートだったりと役に立てる道は
〜ある。　自分は1年の時から出させていただいて、みんなは
〜よくサポートなどしてくれていたので、次は自分がサポート
〜をするべきか迷っている。　一番はサポートなどにまわるのではなく
〜やはり投げて貢けんするほうが良いと思うが、それが
〜できないのであればなにか自分にできることがあるのか
〜探すべきなのではないかと思っています。　しっかり考えて
決めたいと思う。
南だ

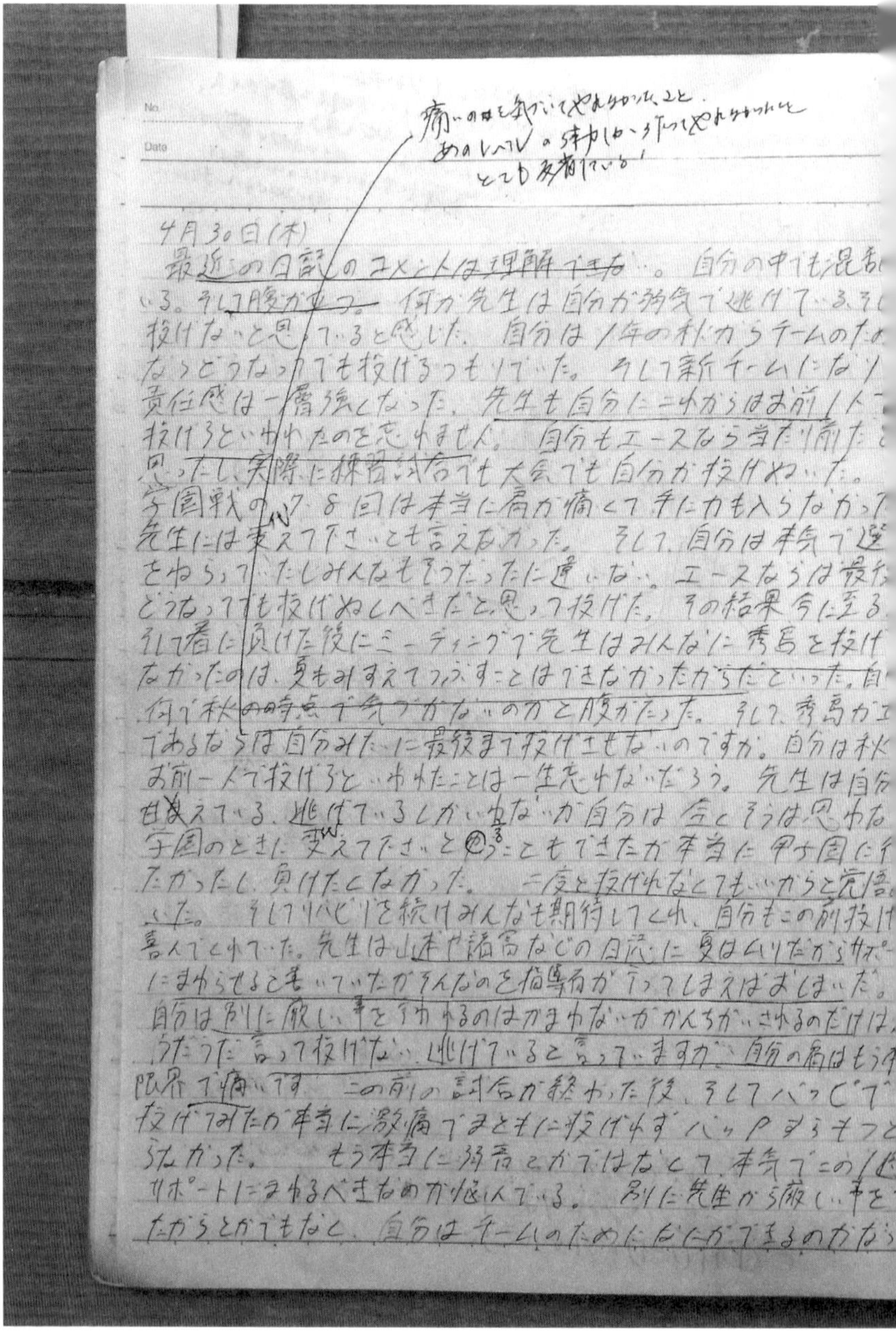

痛いのを気づいてやれなかったこと
あのレベルの練習しかさせてやれなかったことを
とても反省している!

4月30日(木)
最近の日誌のコメントは理解できない。自分の中でも混乱している。そして腹がたつ。何か先生は自分が弱気で逃げている、投げないと思っていると感じた。自分は1年の秋からチームのためならどうなってでも投げるつもりでいた。そして新チームになり責任感は一層強くなった。先生も自分にこれからはお前1人で投げろといわれたのを忘れません。自分もエースなら当たり前だと思ったし、実際に練習試合でも大会でも自分が投げぬいた。学園戦の7、8回は本当に肩が痛くて手に力も入らなかった。先生には変えて下さいとも言えなかった。そして、自分は本気で選抜をねらっていたしみんなもそうだったに違いない。エースならば最後までどうなってでも投げぬくべきだと思って投げた。その結果今に至る。そして春に負けた後にミーティングで先生はみんなに秀島を投げさせなかったのは、夏をみすえてつぶすことはできなかったからだといった。自分は何で秋の時点で気づかないのかと腹がたった。そして、秀島がエースであるならば自分みたいに最後まで投げさせもないのですか。自分は秋にお前一人で投げろといわれたことは一生忘れないだろう。先生は自分が甘えている、逃げているしかいわないが自分は全くそうは思わない。学園のときに変えて下さいと言うこともできたが本当に甲子園に行きたかったし負けたくなかった。二度と投げれなくてもいいからと覚悟していた。そしてリハビリを続けみんなも期待してくれ、自分もこの前投げたら喜んでくれていた。先生は山本や諸富などの自分に夏はムリだからサポートにまわらせると言っていたがそんなのを指導者が言ってしまえばおしまいだ。自分は別に厳しい事を言われるのはかまわないがかんちがいされるのだけは、うだうだ言って投げない、逃げていると言っていますが、自分の肩はもう限界で痛いです。この前の試合が終わった後、そしてバッピで投げてみたが本当に激痛でまともに投げれずバッティングピッチャーすらもつとまらなかった。もう本当に弱音とかではなくて、本気でこの1ヶ月サポートにまわるべきなのか悩んでいる。別に先生から厳しい事を言われたからとかでもなく、自分はチームのためになにができるのかな

俺は佑太朗は居ないものとして皆に成長して欲しいから発言している。

お前に対しては尚さらだ。

裏方なんか回らなくてよい。最後の最後まであきらめないでもらいたい。

ただ光武もそうだが〝手術必要なし〟と言って入院させて〝やっぱり手術が必要〟と言う今の病院は信頼していない。

佑～をノンプロに紹介して投げさせる　その夢は今は厳しいが夢はまだ2ヶ月ある。時折ビシッと投げる球は威力あった。

もう1回しっかり診断してもらって挑戦を続けてくれ
例えムリと言われてもチームが甲子園出場を果たすのにお前は必要だよ！

正直に不満・不平・悩み思い書いてくれたな。嬉しかったぞ。ありがとう。


ふつうの高校生であれば、ここまで怒りを直接監督に向けることはできないであろう。また、ふつうの監督であれば、ここまで素直に「ありがとう」とは書けないだろう。なにより、選手にここまで「書かせることができる」環境が作れない。

古賀はこの監督のコメントを見て、自分の態度を改めようと感じたという。

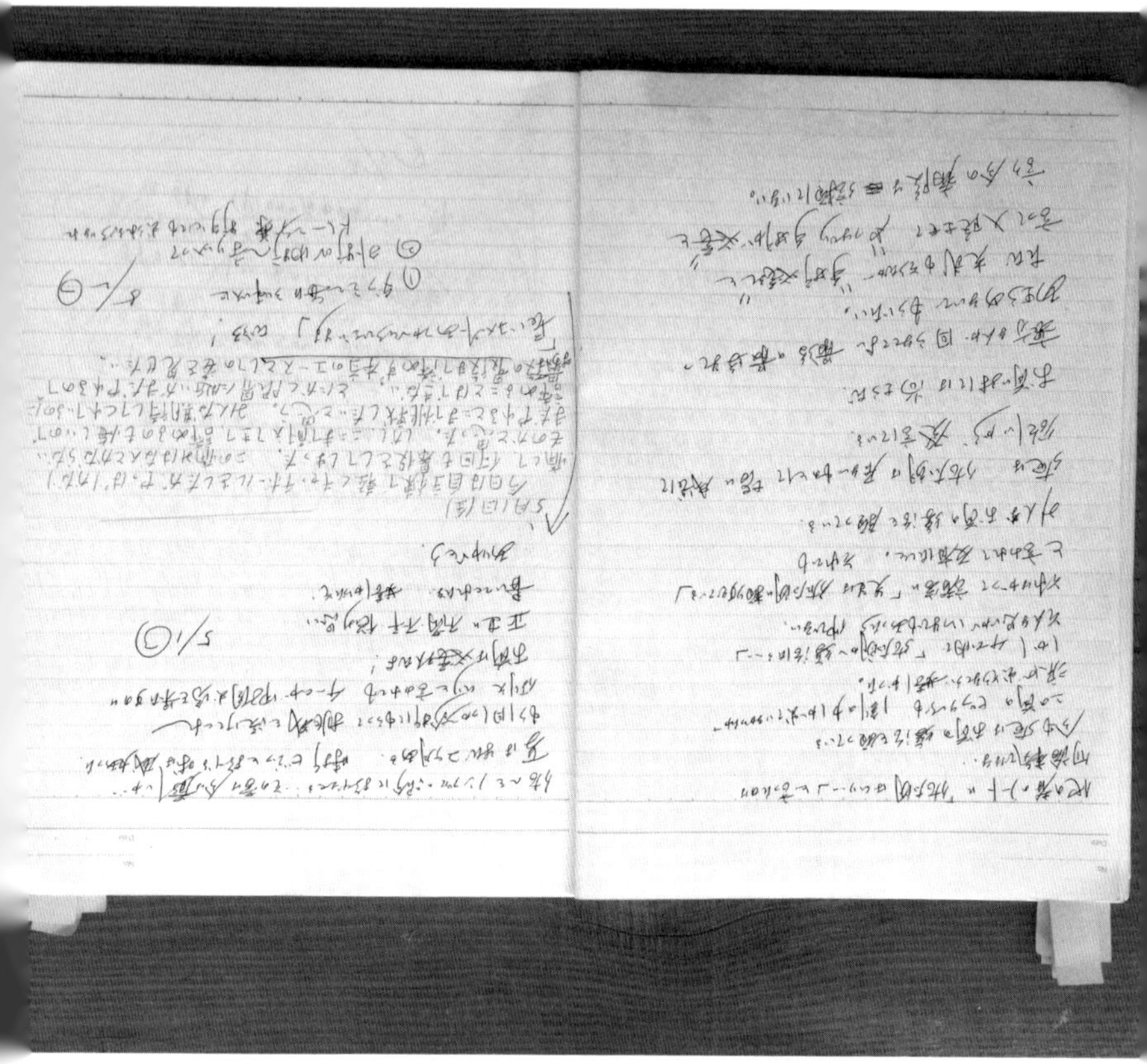

「2ページ書いて、先生のコメントが返ってきて、ああ考えていてらっしゃるんだと思って。ただ厳しいだけじゃない、自分のために厳しい言葉をかけてくれているっていうか……。だから、いまは考え方が変わりました」

この後、ちょっと微笑ましいやり取りもある。長々とやり取りした翌日の古賀の日誌は「みんな期待してくれているのに諦めることはできない。とにかく限界には近いがまだやれるので最後の最後まで諦めず本当のエースとしての姿を見せたい」などと数行書いたのみだった。それに対して監督の百﨑は「まずは長いコメントありがとうございました、だろ！」と記す。古賀ははにかみながら言う。

「感謝はすごくしていて、そう書こうと思っていたんですけど……痛いところをつかれました（笑）」

キャプテンの思い

この日のことを百﨑監督は少し微笑み振り返る。

「古賀はエースであるけども、僕からすると生活面、勉強面を含めて甘いところもある。

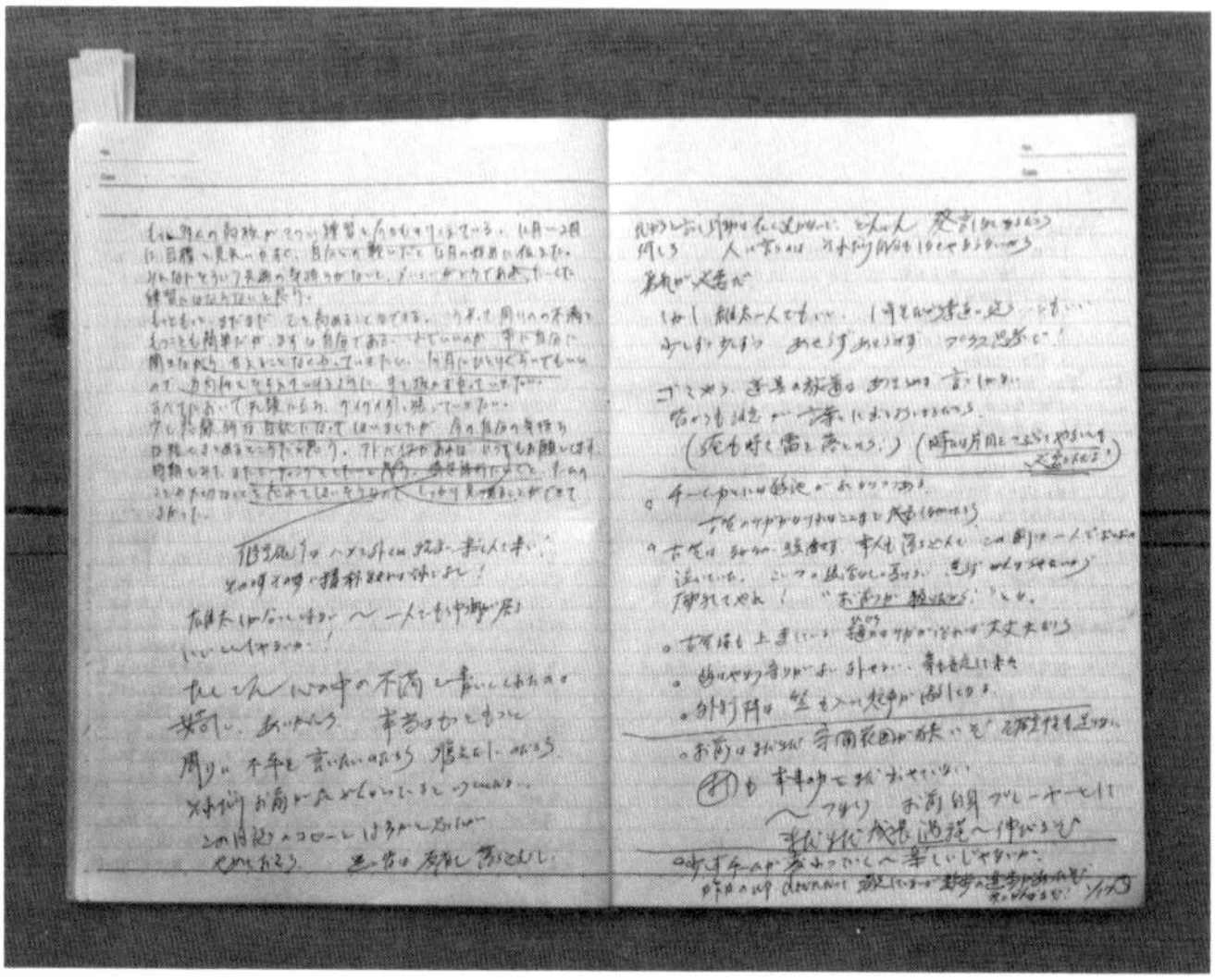

自分はこれだけ頑張っているんだって言うけどお前は頑張ってない、まだ甘い。もっと走れるだろう、もっと勉強だってやれるだろうという思いがあった。とはいえね、本当にサポートに回ります、なんて言ったら許さないんですけどね（笑）」

事実、百﨑監督ほど古賀の復活を待ちわびたものはいない。それは、先の古賀のノートにある「先生は山本や諸富などの日誌に夏はムリだからサポートにまわらせると書いていたがそんなのを指導者が言ってしまえばおしまいだ」という言葉、そして「他の者のノートに佑太朗はムリと書いたのは本音ではない」というやりとりの真意を紐解かねばならない。

百崎監督はキャプテンである諸富の日誌にこう書いたことがある。


チーム力としては鵜池がよくなりつつある。

古賀のケガがなければここまで成長しなかっただろう。
・古賀はなかなか復活せず、本人も落ち込んで　この前は一人でポロポロ泣いていた。こいつの復活なしに夏はない。焦らずがんばらせたいから励ましてやれ！　〝お前が頼りだから〟とな！

キャプテンの諸富はこのときのことをよく覚えている。

「他の選手には気になったときに呼んで話をすることもあったんですが、佑太朗とはあまりそういう機会がとれてなくて。でもやっぱり日誌に先生から佑太朗にひと声かけてやってくれみたいなことを書かれたときに、佑太朗に……ケガがひどいっていうことが分かってモチベーションが上がらないように見えた時期がかなり長かったんで、エースはお前しかおらんけんなっていうふうに声をかけました」

ただ、一方でチームを束ねるキャプテンとしては複雑な思いもあった。前年から唯一の

レギュラーであり、甲子園メンバーそして4番打者だった諸富は、秋以降、なかなか成長していかない自身、そしてチームに大きな危機感を持っていた。

その思いが強く表れた日誌が1月にある。

いちいち言うのにも疲れてきた。そんな簡単なこともできないやつにこれ以上何を期待して求めたらいいのかもわからない。〈略〉仲間への不満というか自分への不安のようなものがちょっとずつ増えてきた。年末にミーティングをしたときは、みんな各々の口からしっかり言ってくれた。わかっているのに動けない、やれない。単に行動力がないのか。それとも何かあるのか。考えれば考えるほど自分に打ち込めなくなっていくのがわかる。常に雑念というか、モヤモヤととなり合わせだ。〈略〉プレーヤーとして成長できていないのかもしれない。それぐらい周囲への気配りが増え常にまわりを見るようになった。でもまわりは応えてくれない。常に己の中に非を探して、周りを背中で引っ張るように心がけてきたが、特に反応はない。本当に自分がくやしい。ああしてほしい、こうしてほしいはどんどん意見として言ってくれと言ったが、それもなく、ただ黙ってなんとなくという感じだと思う。こ

No.

Date

ことを強く意識し、"ありがとう"を小さなことに対しても伝えるように心がけている。誰かに話して意見を交換しようと思っても、自分の不安が伝染してしまいそうで、雄太ぐらいにしか言えない。雄太とはよく話すようになった。自分とほとんど同じ意見を持ってくれていると思う。

とにかく何もかも中途半端だと感じる。他の人はこれで満足かもしれないけど、これぐらいでいいやというのが目に見える。本気になりきれていない。本当に勝ちたいのか。甲子園で勝とうという共通の思いを持っているのか。野球をやりたくてこの高校を選んだんじゃないのかと。仲間への不満というか、自分への不安のようなものがちょっとずつ増えてきた。

年末にミーティングをしたときは、みんな各々の口からしっかり言ってくれた。わかっているのに動けない、やれない。単に行動力がないのか。それとも何かあるのか。考えれば考えるほど、自分が打ち込めなくなっていくのがわかる。常に雑念というか、モヤモヤととなり合わせだ。先生から"プレーヤーとしては半人前"と書いていただいたとき、一番弱い部分であり、なかなか打開できないことだっただけに、すごくくやしかった。あの言葉を書き残してくださったおかげで踏ん張れている気がする。練習中に思い返すことも多い。秋の大会のときも同じようなコメントをいただいた。"試合では一選手として"自分はまだあのときからプレーヤーとして成長できていないのかもしれない。それぐらい周囲への気配りが増え、常にまわりを見るようになった。でもまわりは応えてくれない。常にその中に非を探して、周りを背中で引っ張るように心がけてきたが、特に反応はない。本当に自分がくやしい。ああしてほしい、こうしてほしいはどんどん意見として言ってくれと言ったが、それもなく、ただ黙ってなんとなくという感じだと思う。これは自分についてきているとは感じない。自分の足跡ではなく背中を見てほしい。"オレについてこい"と言えたらいいんだろうけど、不安で自信が小さくなっていくのがわかる。そう言えるように、もっと実力をつけようと思う。

最近はメニューがとてもきついとはいえないメニューが多い。それなのにみんなは何も感じてない。自分の中では春季への不安が増していくだけで、「これで戦っていけるのだろうか」と毎日思う。県内だけ見ても

No.

Date

1/16 (金) 練習

1. w-up
2. キャッチボール. トス. ボール回し
3. ポジ別 (20分)
4. ローテーメニュー (3ヶ所マシン. ティー. 丸太. 筋トレ)
5. 黙走. C-down

今日は、教室の棚が汚いと指摘を受け、野球部でそうじをした。黒板はずっとキレイにしていたが、今日は言われてからしか動けなかったので、目配りがまだまだだと感じた。教室でも視野を広くして、リーダーシップをとっていきたい。自分たちからいい影響を広げていきたい。

練習では、昨日言われた最初と最後を特に意識した。ランニングでかけ声をかける人がしっかり声を出せば、後も続くと思う。声に調子はないし、気持ち次第だと思う。くつをならべるのといっしょで、誰でもできることで手を抜くのは三流でもない。それ以下

黙走は、10分以内に全員が5周を走り切るという形でやった。少しペースがはやいような気もしたが、多少息が上がるぐらいまで走らないと、逆に疲れがたまると思うので、しっかり走るようにしたい。ストレッチも無言でやるようにする。任せられたメニューをきちんとできないと、規制されていく。自分達で考えて動く力が、まだこの集団にはないと思う。

部室のゴミを持って帰ってくれと伝えても持って帰ってくれず、グローブなどの道具は出しっぱなしにしないようにといってもなかなかそうならず、筋トレのマットを使ったら片付けてくれといってもなかなか片付けてくれない。だいたいいつも同じ人物だし、いちいち言うのにも疲れてきた。そんな簡単なこともできないやつにこれ以上何を期待、求めたらいいのかもわからない。後輩だからという部分でさしひいても、まだ1年の方が熱心にやってくれる。なんだか野球を趣味でやっているようにしか自分の目には映らない。

シンプルにもっと自分についてきてほしい。先生からアドバイスをいただいたように、仲間を1人、2人と増やしていくと努力している。ほめる

本当は担当をまかせないといけないが、それが出来ないならしっかりと教えなさい。

本当はそこまでやる気はないか

一芸は学び仕方を[illegible]

れは自分についてきているとは感じない。自分の足跡ではなく背中を見てほしい。〝オレについてこい〟と言えたらいいんだろうけど、不安で自信が小さくなっていくのがわかる。そう言えるように、もっと実力をつけようと思う。〈略〉自分の中では春先への不安が増していく。「これで戦っていけるのだろうか」と毎日思う。〈略〉もっともっと、まだまだ己を高めることはできる。こうやって周りへの不満をもつことも簡単だが、まずは自分である。これでいいのか、常に自分に聞きながら、甘えることなくやっていきたい。

「勝てる方法があれば臓器を売ってでも買いたい」と日誌にしたためるほどチームに強い思いを持つキャプテンは、葛藤を深めていた。果たして自分はキャプテンとしてうまくやっていけているのか。メンバーはついてきてくれているのか。その思いは春の公式戦、練習試合を重ねても結果の出ないチームの状況と併せて大きくなっていく。

結果が出ない理由のひとつにピッチャーの不足、古賀の離脱があることは明白だった。

そして……諸富は大きな決断を下す。

「秋は佑太朗のおかげでベスト4までいって、あいつのおかげっていうぶんも大きかった。

でも冬を越えてなかなか佑太朗が上がってきてくれなくて、自分がマウンドに上がるようなことまであって、それでなんて言うんですかね……。自分が一番気を付けなきゃいけないことは、まずは自分が佑太朗に頼ってはいけないというか。ケガをしてしまったのであれば仕方ないのだから、やっぱりそこは開き直って、そこに対応できるようなチームを作っていこうと。それを監督にも伝えたんです。佑太朗の気持ちは分かるし、でもキャプテンとしていまのチームを見つめなきゃいけないし……それは難しかったです……」

古賀の絶対的な力量を認めた上で、それでも夏に向けていつまでも頼りっぱなしではいけない。古賀がいなくても勝てる、という雰囲気にしなければこのチームは前に進めない。そう考え監督に進言したのだ。百﨑監督はこのとき「あぁ、俺が悪かった……」と思ったと言う。3月のことだった。

「キャプテンである諸富からすれば、先生はあまりに古賀に頼りすぎている、古賀が治ったら、治ったらっていろんなところに如実に出ている。彼はそう書くわけですよ。本当はみんな古賀に頼っていたわけですね。やっぱりすべてもっていたから。古賀が良くなったら絶対勝つのに、ってみんな思っている。それに頼りすぎていることを諸富が一番よくわかっていた。だから、古賀はいないものとして考えないといけない、そうしないとみんな

成長しない、と言ってきたんですね。お前の言う通りだ、すまんと返しましたね」

誰かに話をするときに決まって「古賀が治ったら……」「故障してましてね」と言っていたことに、諸富からの指摘で気付いたのだ。そして自分がいかに古賀に頼っていたかに。

「だからね、それからはほかの選手の日誌にも古賀はいないものとして考えろ、って書くようにした。すると今度は古賀はおもしろくないわけです。お前が頼りだ、夏ひとりで投げろよって言ってたくせに、こんな肩の状態になったら頑張りが足りないと言って、しかも二、三番手投手には肩を壊さないように言う。おかしいじゃないか、と。でもそれは古賀に頼らずにみんなが成長してほしいということだし、一方で古賀に対しては、なにくそっていうのをね、待っていたわけです」

「考えすぎるくらい背負うタイプ」と百﨑監督が言うほど、チームのことを誰より考え、そして深く悩んできた諸富だからこそ言えた言葉であり、そして本音のぶつかり合いがある日誌があったからこそ見つけた、チームが前を向くための発見だったのだ。

甲子園なんて……

高校野球において絶対的に見える監督と選手という関係を「野球日誌」を通して壊してみせるこうした姿勢は、諸富や古賀だけではなく随所に現れていた。控え投手だった山本は、2年生のころから対戦相手の分析や、打順についての意見を野球日誌に記していた。

例えばこんな具合だ。

9月22日（日）

〈略〉あくまで自分個人の見解だが、諸富を1番にしてみてはどうかと思った。県内のチームはどこでも北高で一番警戒しているのは諸富。その打者がいきなり先頭でまわってくるのは嫌だし〈略〉3番はしっかり打てて走塁もいいのはと考えると井上魁が一番適していると思う。〈略〉

そして百﨑監督は驚きながらこう返した。

お前はすごいな、同じことを考えていたぞ

お前の反省・分析はほとんど俺が言いたいことだ。それだけこのような役割でお

前は特に秀でている。今日のミーティングでこの日誌を元に皆に話してやれ！
頼むぞ。

「書いていることが僕がまさに思っていること。プレーは全然できない、1アウトも取れず8点くらい取られて交代する投手だったんですけどね。分析に関しては本当にすごい」
そう百﨑監督は言う。この山本にしても入学当時から肘と肩をケガし、選手として不遇の時間を過ごしていた。実際、百﨑は選手としては難しいと考え、新チームの段階でマネージャーとして分析力を生かして欲しい、と進言したことがあった。しかし山本は「ピッチャーとして勝負させて欲しい」と言った。そのときの監督のコメントはこうだった。

チームのことをよく分析している。Pとして今の力は4番手、犬塚の方が上
まだ公式戦は任せられない
本当はお前がマネジャーに専念してくれた方がチーム力は上がるし、今の弱点はマネージャーを中心としたサポートのまとめが居ないこと。それが諸富らにも負

担となって現れている。

しかしお前がPとしてがんばっていきたい気持ちはわかる。球威や球の切れはないが気持ちは十分ある。

先発やつなぎ役で1イニングでもがんばってくれたら大きな戦力だ。

これからの実戦練習や9月での練習試合までに戦力となるか見極めたい。これは他の2年生控え野手も同じ。8／28

「本当はマネージャー的な役割でいてくれたらチームにとって大きなプラスだと思っていたんですが、これだけ強い気持ちがあるのであれば最後までやらせよう、と」

しかし3月以降、練習試合などでも山本に結果は出なかった。誰より真剣に練習に取り組み、そして誰より強いマウンドへの憧憬があった。それは誰もが分かっていた。そして、山本もまた、自ら決断を下し、それを日誌に記した。

4月12日（日）
〈略〉自分は今日チャンスをもらった。今日でどちらか決まると思った。結果はダ

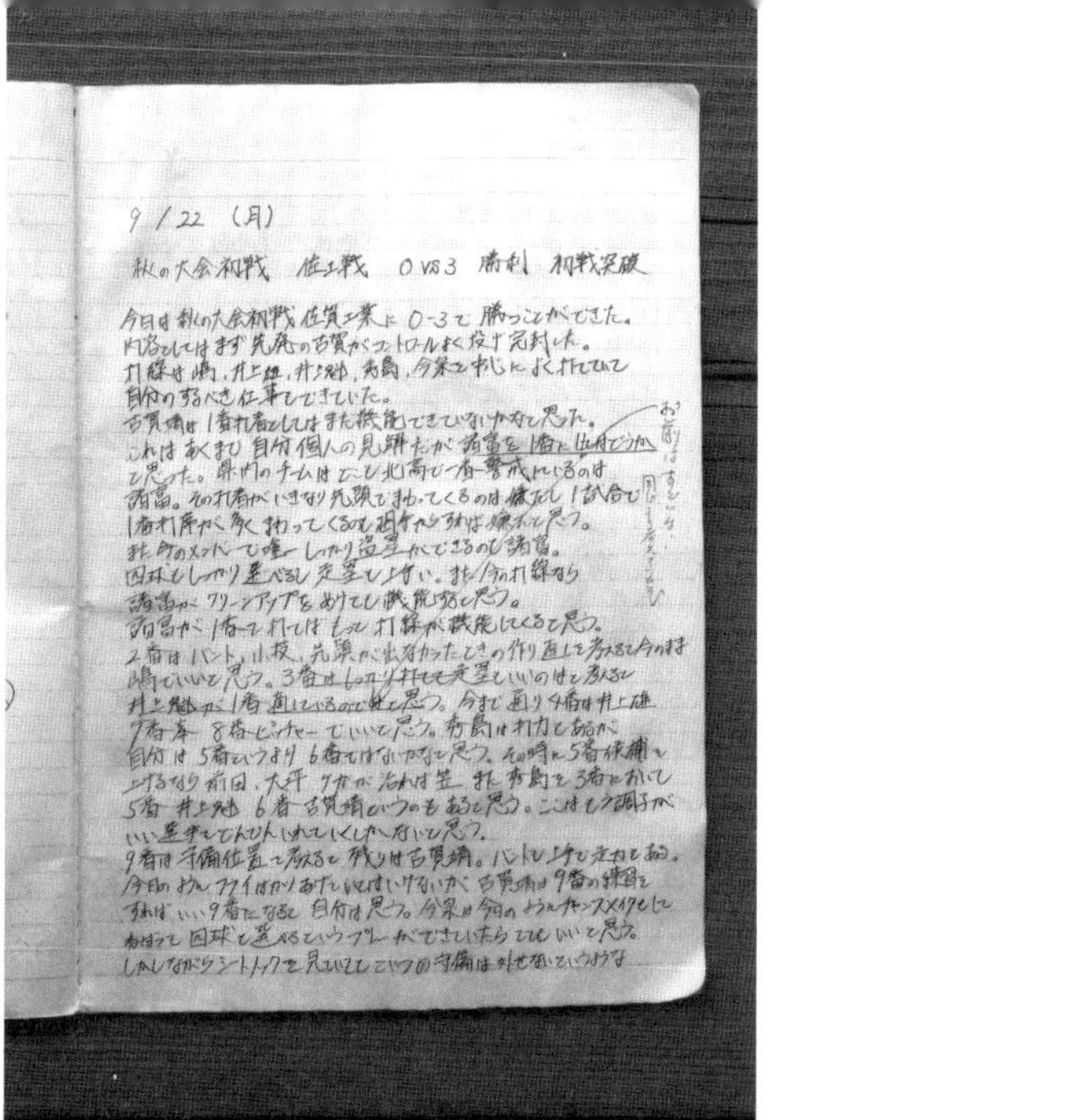
9/22（月）
秋の大会初戦　佐工戦　0VS3　勝利　初戦突破
今日は秋の大会初戦佐賀工業に0-3で勝つことができた。
内容としてはまず先発の古賀がコントロールよく投げ完封した。
打線は嶋、井上雄、井上翔、秀島、今泉を中心によく打てていて
自分のするべき仕事ができていた。
古賀晴は1番打者としてはまだ機能できていないかなと思った。
9番は守備位置で考えると残りは古賀晴。
しかしながらシートノックを見ていてこいつの守備は外せないというような
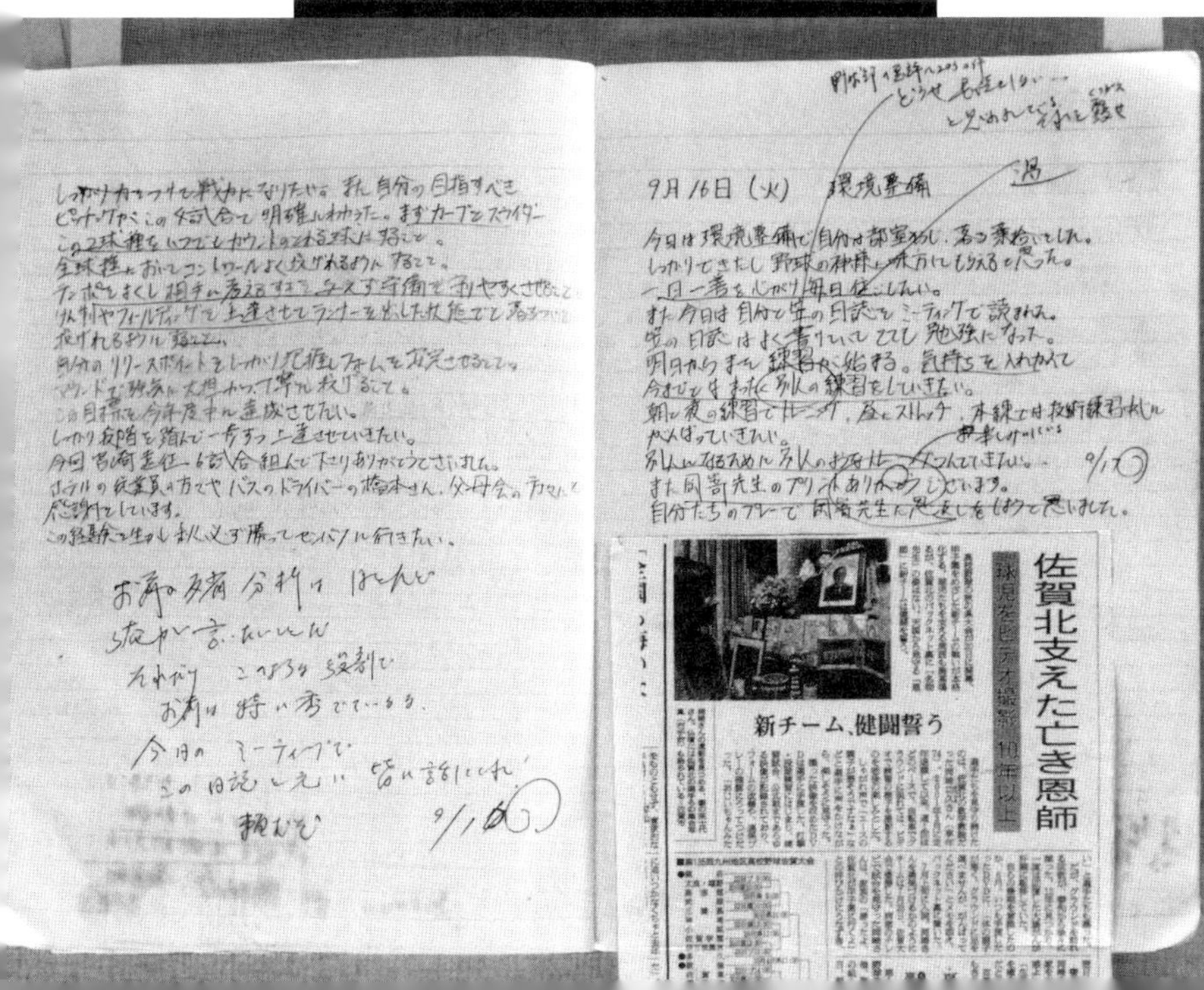
しっかり力をつけて戦力になりたい。また自分の目指すべき
ピッチングがこの4試合で明確にわかった。まずカーブとスライダー
この2球種をいつでもカウントのとれる球にすること。
全球種においてコントロールよく投げれるようにすること。
自分のリリースポイントをしっかり把握しフォームを安定させること。
この目標を今年度中に達成させたい。
しっかり段階を踏んで一歩ずつ上達させていきたい。
今回宮崎遠征6試合組んで下さりありがとうございました。
ホテルの従業員の方々やバスのドライバーの橋本さん、父母会の方々に
感謝しています。
この経験を生かし秋は必ず勝ってセンバツに行きたい。
9月16日（火）　環境整備
今日は環境整備で自分は部室前の草取りをした。
しっかりできたし野球の神様も味方してくれると思った。
一日一善を心がけ毎日続けたい。
また今日は自分と空の日誌をミーティングで読まれた。
空の日誌はよく書けていてとても勉強になった。
明日からまた練習が始まる。気持ちを入れかえて
今までとはまったく別人の練習をしていきたい。
朝と夜の練習でトレーニング、昼にストレッチ、本練では技術練習をしっかり
がんばっていきたい。
別人になるために別人の努力をしっかりやっていきたい。
また岡崎先生のプリントありがとうございます。
自分たちのプレーで岡崎先生に恩返しをしようと思いました。
佐賀北支えた亡き恩師
新チーム、健闘誓う

メだった。そして自分は今、肩も肘も限界です。そして第一に自分にはもう素質も無ければ力もないです。このまま続けても意味がない。今日のようなピッチングをすると来年以降練習試合を組んでもらえないかもしれない。自分には責任を取る必要と百﨑先生とした約束を守らなければならない。だからこれからは選手たちへの指導、サポート、コーチャー、データに専念したいと思います。しかし、UP、トレーニングなど練習はみんなと同じようにやらせていただけないでしょうか。ピッチングやマシン打ちなどはしません。同じきつさを共に感じながら夏を迎えたいです。非常にわがままではありますがよろしくお願いします。


準備不足は予定外で投げさせた俺の責任だ。

ただ昨日のピッチングに限らず3月以降見てピッチャーとしては無理だなと思っていた。

お前にはチーム内でやってもらわないといけないことがたくさんある。それはお前がよく分かっていることだ。

今のままでは夏〜チームも厳しい。

だからお前の力が必要だ。宜しく頼むぞ！

この日のことは、同じ投手として、ケガからの復活を誓った仲としてともに努力してきた古賀も日誌に記している。

4月14日（火）

〈略〉そして先生から話が終わった後に山本から話がありました。「百崎先生に何を言われたわけではないが、自分からサポートにまわりますと言ったので今日から故障者の指導、チームのサポートをがんばります。」と言った。そして肩も肘もどうしようもない状態なので仕方がないと言っていました。自分はそれを聞いて本当に悲しかった。あいつは新チームになりたての頃にマネージャーをすすめられたが断り、リハビリもがんばってそして、チャンスをもらい投げれるようになって本当にがんばっていたと思う。一緒に走りながら、トレーニングを一緒にしながら、あいつの目標を聞いたり、相談をうけたりしていたのでなおさら辛かった。今日自分が山本を見た感じではなにかはりつめた緊張感というかプレッシャー的なものの荷

がおりてすこしゆるんだように見えました。本当にがんばっていたんだと思った。山本がサードコーチャーとサポートに専念すると言ったので自分はそれを尊重して応援してやりたいです。そして、自分も1日でも早く投げれるようになってみんなを甲子園につれていきたいです。山本は本当に大人だと思う。いろいろなかっともあったと思いますが、このような形を決断してくれました。あいつには本当に感謝しないといけないと思いました。

そうだな、後悔もあろうが、〝やりきった〟という思いじゃないかな4／15

強豪チームで、ここまで監督と選手が腹を割ってやり取りをする日誌は、類を見ない。

いや、佐賀北高校の場合、このやり取りがあるから強豪チームでいられるのかもしれない。

ただし、監督の百﨑はこれについて「分からない」と言う。

「日誌がなかったら甲子園で優勝できたか、と言われればできなかったと思います。でも、日誌があっても県大会の初戦で負けたこともある。だからこれがあるからどう、とは言えません。僕はただ、いつか見返したときにそのシーンが蘇るような日誌を書きなさい、と

言っているだけ。日誌にはそのときの1割くらいのことしか書いていなくても、読めば記憶の鎖となって、残りの9割のシーンが浮かび上がってくるようなものなればいいな、と」

そして「だってね……」と続ける。

「もちろん日誌は、技術が上がるように、チーム力が上がるようにと思ってやっています。でも最終的にはそんなことはどうでもいいとも思っているんです。甲子園も目標だけど別に生きる目的ではないですから。日誌のやり取りがしまいが関係ないんですね。人生にはいろいろあって、そのなかでそういうやり取りをしようがなにかのきっかけになってくれればな、という思い。これは僕がそうだから。日誌を書いていて、ああ言い過ぎたなとか、もっとこういう言い方をしてやれば良かったんだ、っていまでも反省することばかり。書き続けることによって、自分に気付きが返ってくるわけです」

百﨑監督のもとを巣立っていった生徒たちの多くは大学や社会人になっても日誌をつけているものが多いという。また、高校時代においては、心を通わすことができなかった生徒たちが、卒業後にその思いを示してくれることもあった。

「日誌になかなか本音を書いてくれなかった子が数人思い浮かびます。ああ、失敗したな

あ、もっと違う言葉をかけてやるべきだったな……と反省をしたものです。でも、数年後そいつらから手紙が届いたり、結婚式の招待状が届いたり、甲子園出場の際には祝いの品をこそっと持ってきてくれたり……。伝わっていたのかもしれない、とほっとしましたね。彼らも、当時のことを思い出しながら、支えになっているのかもしれない。なんかそういう証っていうのかな……もちろん甲子園に行って優勝したメダルみたいなきれいな記念品もいいけど、こういう手垢のついたノートとかもまたいいんじゃないですかね。飾って書いたこと、本音とは逆のことを書いたこと。そんなこともあるかも分からん。でもそれはそれで記憶して、見返したときに蘇ってくればそれでいいんじゃないかな」

選手が心のなかで感じること、なかなか口にできないこと、それを吐露できる日誌。読めば、その日のことが蘇り、たくさんの記憶がつながる本音の日誌。そして何より「心がつながる日誌」――それが佐賀北高校の野球日誌なのだ。

選手にとってそうであるように、監督にとっても野球日誌は簡単ではない取り組みだ。

「本音で付き合えば付き合うほど、知らなくてもよかったことを知ってしまうし、選手の努力も知ってしまう。そうするとつらいことも多い。頑張っているのにベンチにも入れられない、とかね。だから人にはお勧めしないですよ（笑）」

そう言って笑う百﨑。何度もやめようと思った日誌はすでに30年以上の歴史を刻んだ。

２０１５年、夏の佐賀県大会。佐賀北高校がノーシードで迎えた初戦の相手は秋ベスト４で屈した相手、第一シードの佐賀学園高校だった。誰もが認めるチームの精神的支柱となった諸富は３番に座り、山本はサードコーチャーとしてチームを支える。そしてマウンドに立つ背番号１は秀島享介。古賀の姿は——マウンドになかった。悔しいに違いない。それでも数年後、この本気の野球日誌を見返したとき、この時代があって良かった、そう思えることもまた、間違いないのではないか。それは諸富だって、山本だって——監督の百﨑だって同じであろう。これだけ、本音で心がつながったのだから。

佐賀北高校は４対１で佐賀学園を下し、みごと雪辱。初戦を突破した——。

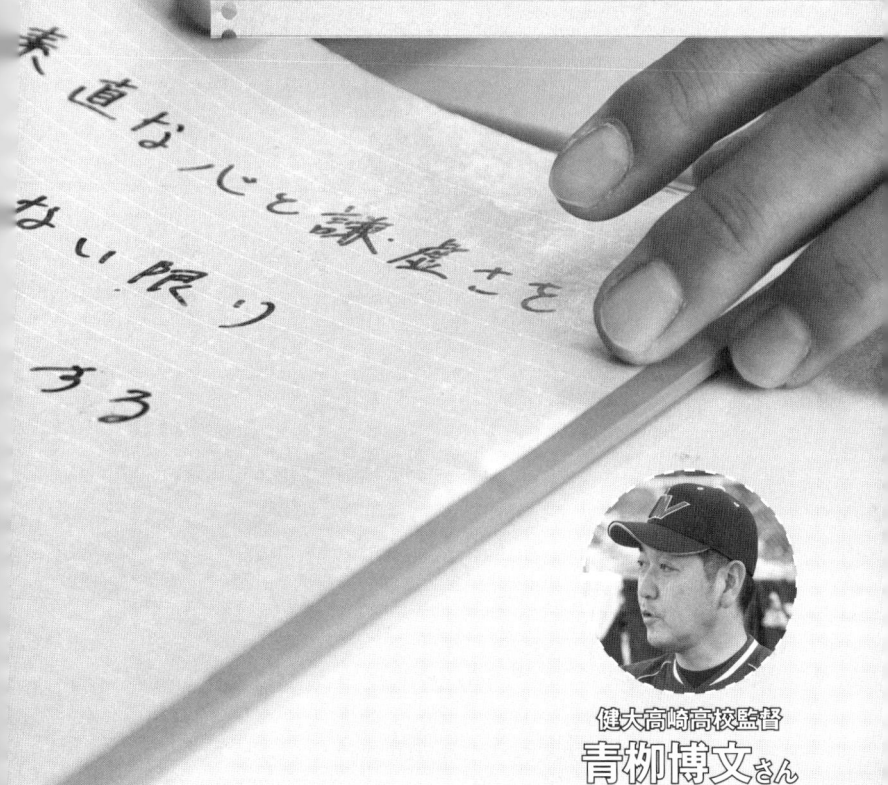

群馬県 健大高崎高校野球部

「コメントのない野球日誌」

「機動破壊」高校野球を変えた健大の原点

圧倒的な走力で甲子園を沸かせている
健大高崎高校。監督と10名のスタッフが
作り上げるチームを支えるノートのあり方。

健大高崎高校監督
青柳博文さん

健大高崎高校3年生・主将
栢植世那選手

健大高崎高校3年生
川井智也選手

健大高崎高校3年生
相馬優人選手

健大高崎高校3年生
林賢弥選手

高崎健康福祉大学高崎高校（たかさきけんこうふくしだいがくたかさきこうこう）所在地は群馬県高崎市。2001年に群馬女子短期大学附属高校から共学化。春夏5回甲子園出場。

「機動破壊」をもたらした敗戦

9月2日

今日は商大附と練習試合でした。勝ったのですが、自分達の野球が出来ていなかったらしいのでもう一度見つめ直してまたやっていきたいと思います。自分達の持ち味は走塁なので、それを極めていきたいと思っているので、その気でやりたいと思います。明日から練習をしっかりとして全国制覇できるチームを作っていきたいと思います。

走・攻・守全てがそろうようにしていきたいと思います。本当にまたあの舞台に戻りたいです。あの場所で、最高のプレーをしたいと思います。全国制覇したいのです。全員で心一つにして同じ目標へと突っ走っていかなければいけないので自分がチームを引っぱっていいチームを作っていきたいと思います。1日1日達成しな

ければいけない目標があるので、それを1つ1つクリアしていきたいと思います。走塁に関しては、スタートやスライディング。認めてもらうように毎日頑張らなくてはいけません。認めてもらうとやっぱりうれしいです。その気持ちになるためには、自分が頑張らなくてはなりません。必ず勝てるチームになりたいと思っています。指導者に教えていただいたことをすれば必ず、いい結果が出ます。それを実感、体感しています。自分達の野球を指導者さん達に見せつけて認めていただくようにしていきたいと思います。

新チームからキャプテンとなった柘植世那（つげせな）の6冊目の野球日誌の最初のページには、甲子園から戻り、新チームがスタートするにあたっての思いが綴られていた。そして、表紙には「全国制覇」の文字。

「この6冊目のノートで初めて全国制覇という文字を書きました。健大高崎に入学した当時は、まさかレギュラーを取れるとも思っていなかったけど、（1年生の時に）レギュラーになって、試合に出させていただくうちに、全国制覇への道が見えてきて、それで、表紙に思いを込めてこの言葉を書きました」

Date
9月2日
今日は商大府と練習試合でした。勝ったの
ですが自分達の野球が出来ていなかったらしいのでもう一度見つめ直してまたやっていき
たいと思います。自分達の持ち味は走塁
なのでそれを極めていかなければいけ
ません。自分も走塁を極めていきたいと
思っているのでその気でやりたいと思います。
明日から練習をしっかりとして全国制覇
できるチームを作っていきたいと思います。
走、攻、守全てができるようにしていきた
いと思います。本当にまたあの舞台に戻り
たいです。あの場所で最高のプレーをし
たいと思います。全国制覇したいのです。全
員で一つにして同じ目標へとつっぱし
っていきたいと思います。選手で何とかして
いかなければいけないので自分がチーム
を引っぱっていいチームを作っていきたい
と思います。1日1日達成しなければ
いけない目標があるのでそれを1つ1つ
クリアしていきたいと思います。走塁に関
してはスタートやスライディング認めてもらう
ように毎日頑張らなくてはいけません。認
めてもらうとやっぱりうれしいです。その気持ち
になるためには自分が頑張らなくては
なりません。必ず勝てるチームになりたい
と思っています。指導者に教えてもらっ[illegible]
たことをすれば必ずいい結果[illegible]
それ実感、体感しています。自分[illegible]野球
を指導者さん達に見せつけて[illegible]
ただくようにしていきたいと思います
26.9.3
青柳

10日前の8月22日、柘植はまだ甲子園球場にいた。

2年生ながら、5番キャッチャーとして出場した柘植は、第96回全国高等学校野球選手権大会準々決勝で優勝投手となった大阪桐蔭高校のエース福島孝輔から2安打を放つなど、チームを勢いづけた。それでも、チームは2対5で敗退。全国の頂点を獲るために必要なものに気付いたと同時に、自分自身の未熟さを知った。

8月22日

今日は大阪桐蔭との試合でした。自分達は勝つ気満々で立ち向かっていきました。やはり桐蔭は強かったです。いい経験ができたので良かったと思います。この甲子園という舞台は自分をとても大きく成長させてくれたと思います。特に打撃の面が大きかったです。勝負強くなったのが本当に成長したと思いました。守備がぜんぜん成長できていないので、そこが課題だと思います。もっと、できたことがあったと思いました。頭の引き出しが少ないので、もっと多くすることとそれをどれだけ速く出していけるかだと思うので、そこのトレーニングをしていきたいと思います。もう一度、リード面を見直したいと思います。

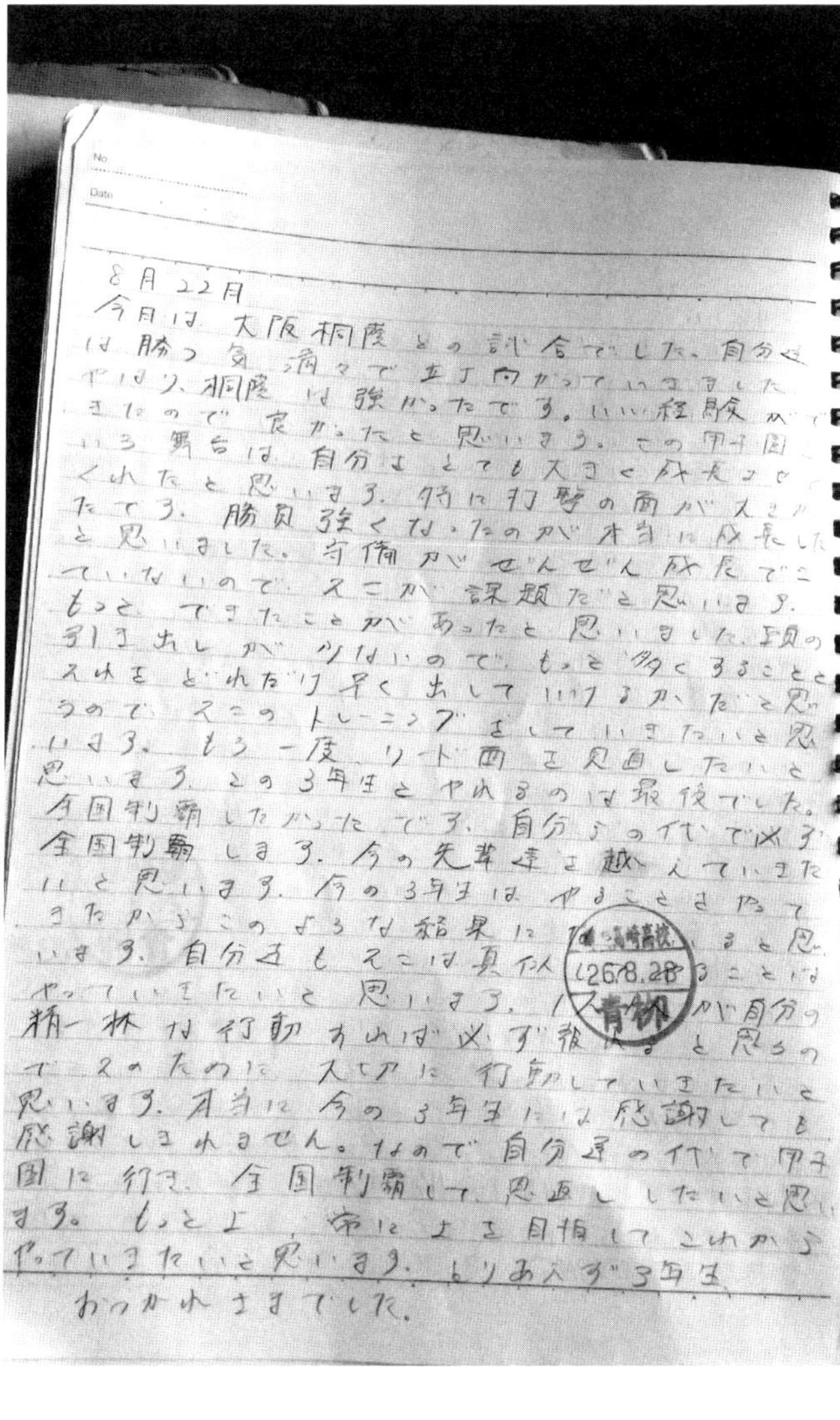
8月22日
今日は 大阪桐蔭との試合でした。自分達は勝つ気満々で立ち向かっていきました。やはり、桐蔭は強かったです。いい経験ができたので良かったと思います。この甲子園という舞台は自分をとても大きく成長させてくれたと思います。特に打撃の面が大きかったです。勝負強くなったのが本当に成長したと思いました。守備がぜんぜん成長できていないのでそこが課題だと思います。もっとできたことがあったと思いました。頭の引き出しが少ないので、もっと多くすることとそれをどれだけ早く出していけるかだと思うのでそのトレーニングをしていきたいと思います。もう一度リード面を見直したいと思います。この3年生とやれるのは最後でした。全国制覇したかったです。自分らの代で必ず全国制覇します。今の先輩達を越えていきたいと思います。今の3年生はやることをやってきたからこのような結果に　　と思います。自分達もそこは真似　ることをやっていきたいと思います。1人　が自分の精一杯な行動すれば必ず報　ると思うのでそのために大切に行動していきたいと思います。本当に今の3年生には感謝しても感謝しきれません。なので自分達の代で甲子園に行き、全国制覇して恩返ししたいと思います。もっと上、常に上を目指してこれからやっていきたいと思います。とりあえず3年生おつかれさまでした。
26.8.28

今の3年生には感謝しても感謝しきれません。なので、自分達の代で甲子園に行き、全国制覇して、恩返ししたいと思います。

この夏、健大高崎高校は、公式戦10試合で61盗塁を記録した。夏の群馬大会6試合35盗塁、さらに甲子園では4試合26盗塁と圧倒的な走塁力で勝ち上がってきたのだった。そんな健大高崎高校が展開する「機動破壊」というフレーズは瞬く間に広がり、走塁は健大高崎高校にとっての大きな武器となっていった。

健大高崎高校の走塁に注目が集まり始めたのは、2011年夏。群馬大会で、28盗塁の大会記録を打ち立てたころからだ。チームは勢いそのままに、この大会で創部初の甲子園出場を果たした。

さらに、開幕試合となった甲子園初戦、今治西高校と対戦すると、ツーランスクイズなどを成功させ、7対6で逆転勝ち。2回戦では横浜高校と対戦。ここでも、5点ビハインドの6回に一挙5点を挙げて、同点に追いつき延長戦へと持ち込んだ。最後は10回裏にサヨナラ負けを喫したが、初出場ながら走塁を生かした堂々たる戦いぶりで、健大高崎高校の名を一躍全国に知らしめた。

健大高崎高校は、翌春も選抜大会初出場を決めると、ベスト4入りを果たす。準決勝では、大阪桐蔭高校に1対3の接戦の末に敗退したが、健大高崎高校の強さは確かなものとなっていた。

そんな健大高崎高校が、走塁力を高めるきっかけとなったのは、2010年夏の群馬大会準決勝だ。硬式野球部が創部した2002年に就任した青柳博文監督は、この年の戦力に、初の甲子園を狙える手応えを感じていた。しかし、チームは群馬大会準決勝まで勝ち上がりながら、前橋工業高校に0対1で敗れてしまう。「このままチーム作りを続けても、全国優勝は難しい」と感じた青柳監督が、即効性のあるチームを作ろうと考えた末に至った結論が、「走塁」だった。もちろん、ただ走塁を強化するというだけではない。あくまで『日本一の走塁への意識』を本気で徹底したことで、わずか1年で初の甲子園出場を摑むことができたのだ。

分業制を敷くチェック体制

これには青柳監督が全幅の信頼を置く、コーチ陣の存在も大きかった。

生方啓介コーチ、葛原毅コーチをはじめ、外部からの指導者も含めると10名近くのスタッフが健大高崎高校野球部を支えている。青柳は言う。

「いまは技術的なことは、もうコーチに任せています。バッティングは生方コーチ、ピッチングは葛原コーチなど、スタッフのなかでも役割分担しています」

なかでも『日本一への走塁の意識』を選手たちに身に付けさせるために、大きく貢献したのが、当初より走塁の指導を担当していた葛原コーチだった。葛原は本格的にチームに走塁を導入するため、研究を進めていった。

実は、「機動破壊」という言葉を生み出したのは、葛原コーチの父・美峰氏だ。葛原美峰氏は、愛知県の杜若高校などで監督を務め、現在は健大高崎高校の外部コーチとして指導に携わっている。葛原親子が、健大高崎高校の「機動破壊」の原型を生み出したといっても過言ではないのだ。葛原は言う。

「やるからには、機動破壊の神髄を考えなきゃいけない。ただ選手が盗塁数にこだわるだけだったら、それは（数字に）泳がされているだけ。盗塁数を重ねたところで勝利につながるかどうかなんて分からない。だけど、盗塁を印象づければ、周りがすごく警戒してくれるので、たとえ、走らなくても相手を苦しめることができる。そこも含めての機動破壊

なんです」

葛原コーチは言葉を続ける。

「走塁は形で教えちゃダメ。その過程の部分で、なぜそうなのかを言わないと選手たちは理解していきません。こういうプレーが出たら、こうするんだけどなぜか分かるか？　その裏を返して、こうなんだよといった概念を分かって取り組んでもらわないと絶対に身につかないんです」

チームで走塁と本格的に向き合うと決めてから、走塁の極意、そして秘策を徹底的に突き詰めて研究してきた葛原コーチだからこそ語れる言葉だ。ふだんは情熱溢れる指導をする葛原コーチだが、一方で、とても几帳面で、物事を細かく整理していく性格の持ち主でもある。これは青柳監督ともよく似ている。

その葛原コーチのマインドをよく表しているのが、高校時代に書いていたという野球ノートだ。葛原は高校時代、三重県の四日市工業高校でキャプテンを任されていた。そしてそのノートの内容は、現代において、ここまでの内容を書ける高校生がいるだろうか？と思わせるほど、深いものであった。例えば、こんな具合だ。

秋季県大会決勝
四工　12―10　海星（延長11回）

〈4回裏〉
3番　レフト前ヒット
4番　センター前ヒット
5番　空振り
一塁ランナーのリードが大きかったので、秋葉には、けん制を呼びかけた。
秋葉は精いっぱいで、それどころでなかった。
一、二塁の一塁けん制はもっと練習すべきだ。
6番　一塁内野安打
このような当たりを予想できていなかった。
尾上には一言かけておいたが、梅山には、もう少し動いてもらいたい。内野のコミュニケーション
7番　5E―3（サードエラーの間に1失点）

間に合わないと思った。とっさに体でとめた。
判断は適当であったと思う。
8番　死球（押し出しで1点を献上）
秋葉は、きれかけで、余裕も無かったのは確かだったと思う。
ツーボール、ツーストライクまでいい球がきていたので、もったいなかった。
9番　ライトオーバーの三塁打（3失点）
山際の判断ミス。球場を知りつくしていない。やるべきことができていなかった。
浅すぎた…。
1番　ファーストゴロ
2番　サードゴロ
気持ちは分かるのだが、ツーナッシングから投げる球ではない。
秋葉は気持ちに余裕がなかった。岡本は察してボールを1球投げさせるべきだと
思った。

〈5回裏〉

4番　ライトへの二塁打

同じく球場を全く知っていない。今日は、山際の弱気が目立った。

5番　ライト前ヒット　（1失点）

カスミ風※に流された。仕方なかった。

6番　5E—3

自分の尺度かもしれないが、精いっぱいのプレーだっと思う。

相手には、うまくかわされた。

7番　6—4—3

見ていた限り普通のゴロだった。タイミングはギリギリ、梅山にも、全く余裕がない。内野陣は、梅山に気をつかってプレーしているので、先生が言われた通り「自分の自信は自分で取り戻してもらいたい」

これ以降も、6回裏と9回裏の守りの場面が、ノートに細かく記載されていた。

「秋の県大会の決勝戦で海星と試合をしたんですけど、これがすごい試合になったので、分析しようと思ったんです。自分で気に食わなかった場面をスコアブックのように書いて、

※（編集部注）四日市市霞ヶ浦野球場に吹くライト後方からの海風

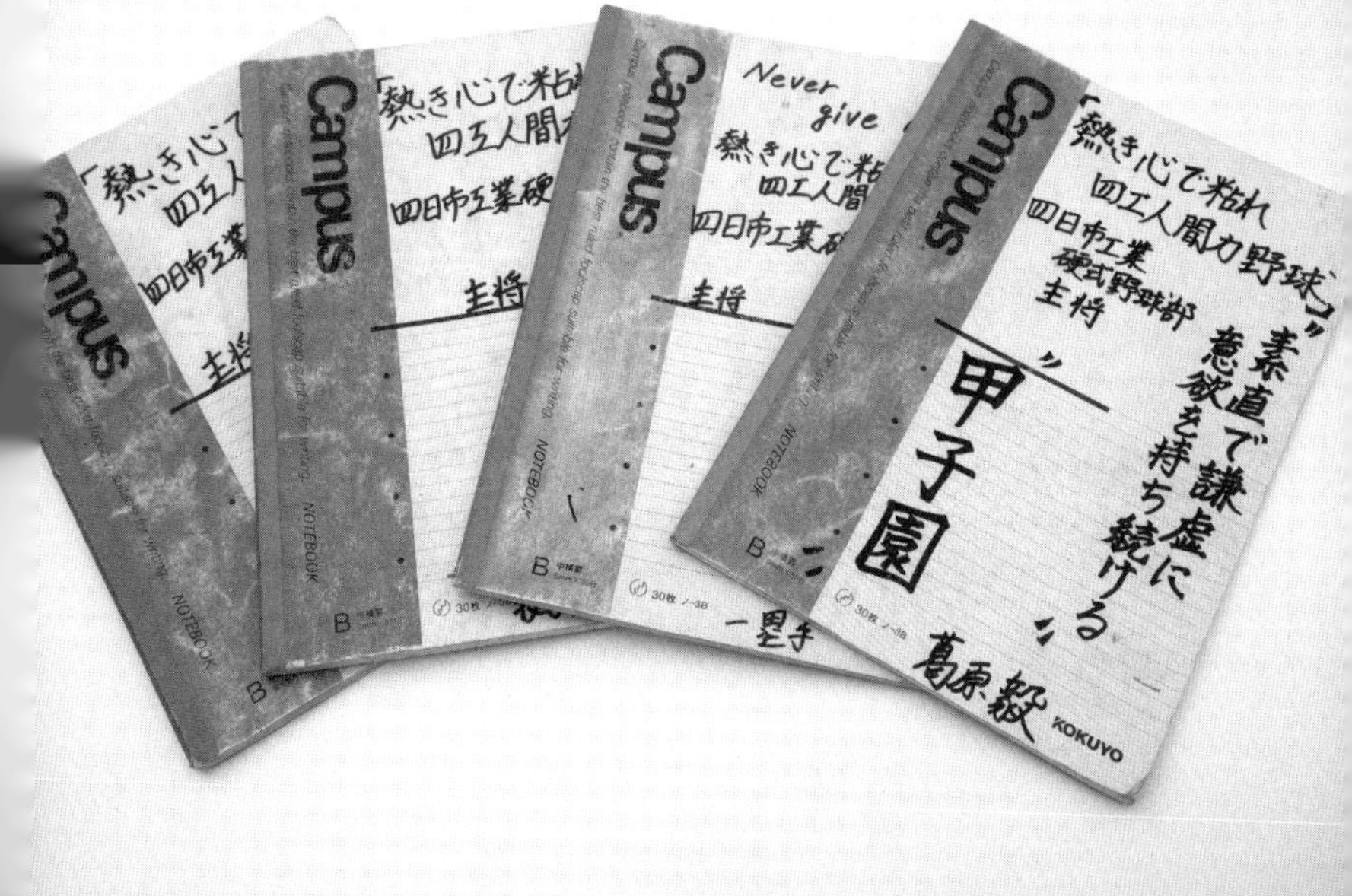
「熱き心で粘れ
四工人間力野球」
四日市工業
硬式野球部
主将
"素直で謙虚に
意欲を持ち続ける"
甲子園
髙原毅
KOKUYO
Campus
Never
give
主将
一塁手

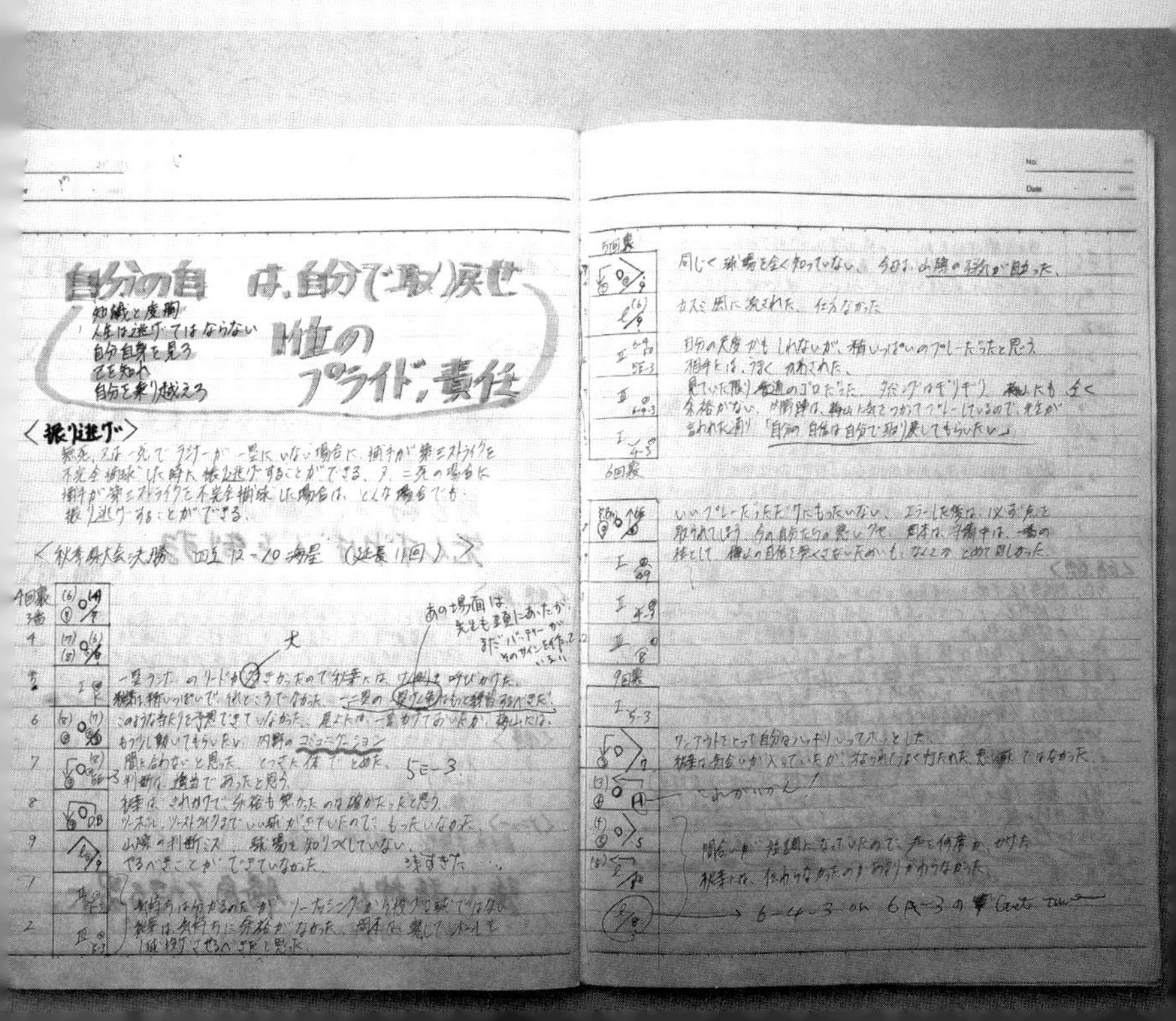
自分の自信は、自分で取り戻せ
1位のプライド、責任
〈振り逃げ〉
〈秋季県大会決勝 四工12－10海星（延長11回）〉

そのシーンはどうするべきだったのかをずっと書いていきました。ポイントとなった、4、5、6、9回を分析をして、いつ見ても分かるようにしておきたかった。このあと、監督からも赤ペンでコメントをいただいて、気持ちを共有してもらったので、これは他の選手たちにも話しておこうと思ったんです。それで、選手だけのミーティングを教室でやったんですけど、野球ノートを壇上で開いて、黒板を使って試合の振り返りをしました」

そのミーティング後に行われた東海大会で、葛原キャプテン率いる四日市工業高校は優勝を果たす。その勢いはさらに、秋の神宮大会優勝をももたらした。

全国大会の頂点を経験した葛原コーチの野球脳がそのまま詰まった野球ノートは、健大高崎高校のコーチに就任してからも、必要があれば生徒たちに見せた。青柳監督が就任してすぐにチームに取り入れられた野球ノートは、葛原コーチや生方コーチが就任し、しばらくは彼らコーチ陣が見ていた。そのときに、葛原コーチが、振り返りの内容が浅い選手に、「このノートは、やらされて書くものじゃないぞ」と話し、「俺も高校時代は、書いていたんだよ」と実際に当時のノートを見せたのだ。そのことで選手も納得して、野球ノートに真剣に取り組むようになるという。

ここ数年は、ノートも分業制となり、毎日提出する野球ノートは再び、青柳監督が見る

ようになっている。

一方で、葛原コーチは、コンディショニングについて記載されたファイルチェックが日課だ。これは、「個人データ」といって、その日の体重など自分の体の状態と、トレーニング値を書くシートで、昨年12月から導入された。さらに、生方コーチは、バッティングノートといって、これは毎日出すルールはないが、自分で気付いたことや、コーチに質問をしたいときに使うノートを担当する。

野球ノートは青柳監督へ。コンディションシートは葛原コーチ、バッティングノートは生方コーチと完全に分業して、選手の心や体、技術の状態を多方面からチェックできる体制が整っているのである。

コメントのない日誌

メインとなる野球ノート。青柳監督へ提出するそれには、野球部の日誌でよく見かける監督からのコメントは、一切ない。

「本当は80人の部員全員にコメントを書けるなら、書いてあげたいけど、授業も持ってい

夢、叶うまで挑戦
高校野球部

るので、時間がないんですよね。数人の選手だけに書くというのも嫌で、やるなら全員に書いてあげたい。だから、いまは読むだけでコメントはつけてないですね。それに、私が書いちゃうと、『監督に良いように思われたい』と思って選手が書いちゃうでしょ。そういうのも嫌なんです。ノートというのは自分を磨くためのものですから、なにを書いてもいいようにしないと。自由な発想をしてほしいんです。だから、ノートの内容についてはこまかなことは言いません。僕が言うのは、字が汚いとか、字が間違っているとか、そんなことばかり。もし、内容に関して気になることがあれば、本人を呼んで直接話すようにしています」

青栁監督は、このノートから選手の心の状態を読み解いている。

「選手の心の変化に気付いた場合は、すぐに呼んで指導します。グラウンドの横に、『実るほど頭を垂れる稲穂かな』という言葉を貼っていますが、やっぱり人間は謙虚さが大事。うぬぼれと自信過剰は、最も良くない。そういう部分で、普段の行動を見ているだけだと人間性までは分からないことが多いけど、ノートだと伝わりますからね。あれだけ文章を書くとしたら、簡単な気持ちでは書けないですから、ノートはその一番のツールです」

また、校則や部のルールを守らなかった部員に対しても野球ノートを使って、「反省文」

というペナルティを与える。その重大さによって、ページ数は変わり、5ページの場合もあれば、10ページの反省文を言い渡された選手も少なくない。青柳は言う。

「毎日見るものに書いたほうが忘れませんからね。10ページなんて、最初は誰も書けるとは思わないでしょ。書けると思わないけど、それを書く努力をすることが大事なんです。それに、文章を書くというのは頭を使うじゃないですか。ただ、体力を消耗させるよりも、頭を使うほうが厳しさが増すんです」

「このチームのなかで、自分が一番、反省文を書いてきました」と話すのは、2番ショートの林賢弥。忘れ物や態度のことで注意され、それぞれ10ページの反省文が課された。

「なんで10ページ書かなきゃいけないんだって思いましたけど、反省はしているので、3時間かけて書きました。自分が監督に怒られることは人間性のことが多くて、実際に10ページ書いたあと、その内容ってずっと覚えているんですよね。野球ノートも入部した当初は適当に書いていたりしていたんですけど、いま振り返れば、そのときは一日を疎かにしていたなって感じるようになりました」

林は、2年生の夏前から、これまで半ページ書いていた野球ノートを1ページ分書くようになった。誰かに言われたわけではなく、自ら決めて取り組み始めた。

「半ページのときは、その日の振り返りで終わってましたけど、1ページ書こうって思うと、細かい所まで気付いて書かないといけないので、以前よりも、いろんなことに対して細部まで見られるようになってきました」

青柳監督も、林の変化にはすぐに気付いた。

「いまでは、練習に来るのも一番早くなって、試合での結果も出るようになった。それに比例して、ノートの内容も変わりましたね。やっぱり、人は習慣にしないとなかなか変わっていかないものです。林のノートは本当に良くなっていきました」

青柳監督が言う良いノートというのは、本人の自由な発想で、自分の気持ちを率直に書き綴った内容のノート。さらに、逆境の場面や試合で負けたあとに、どれだけその原因を分析できているかという内容のノートだ。キャプテン柘植をはじめ、いまの林のノートには、それがきちんと書き込まれていると言う。

8月、甲子園から帰ってきて新チームになって迎えた秋季大会でも、健大高崎高校は、群馬県大会を優勝。進んだ関東大会では、1回戦で明秀日立高校に4対3で勝利。2回戦では、松戸国際高校に持ち前の足を生かした攻撃を絡めて9対6で勝利。この試合、2番ショートで出場した林は足だけでなく、バッティングでも魅せた。この日の林の野球ノー

トの最後の文章には、

今日は勝つことが出来ましたが、あくまで通過点です

と記されていた。

翌日の準決勝では、浦和学院高校と対戦。試合は、2対9と7点を追う7回に、健大高崎高校は一挙5点を挙げるも、反撃及ばず、8対10で敗戦。

10月28日（火）
今日は関東大会の準決勝でした。浦和学院とやりました。10対8で負けてしまいました。正直言って今日はコールド負けをしてもおかしくなかったです。何とか粘って、10対8で終わりましたが、全てにおいて負けていました。スケールの大きさ、力強さにしても負けていました。関東大会を終わって2つ勝つことはできて、ベスト4には入れましたが、正直、くやしいです。神宮に行こうと言ってやってきて、それに行けないのは、やっぱりくやしいです。

そう述べたあとに「粘り強いところは良かったですが、ダメなところもありました」と続け、3ページに渡ってこの日の振り返りが延々と書かれていた。

多くの選手は半ページから、1ページのなかで振り返りをしているのに対し、林は、深く、自分たちチームの課題を掘り下げて、思いのままに書き綴っていた。そして3ページ目の最下部には、

そして、野球だけではなくて、生活面においてもスキをつくってはいけません。どこにもスキのないチームになっていくためにも、一人一人がしっかりとやるべきことを考えて、それはきっちりしていきたいです。そして、今よりももっと良くなりたいと思って、一日一日を大切に生活をしていきたいです

と書いた。そんな林の変化はチームメイトも気付いている。セカンドの相馬優人は、同級生でもあり同じ内野手としてライバルでもある林についてこう語る。

「ノートをしっかりと書くようになってからは、監督から人間性のことで指導されなくな

26.10.30
青柳

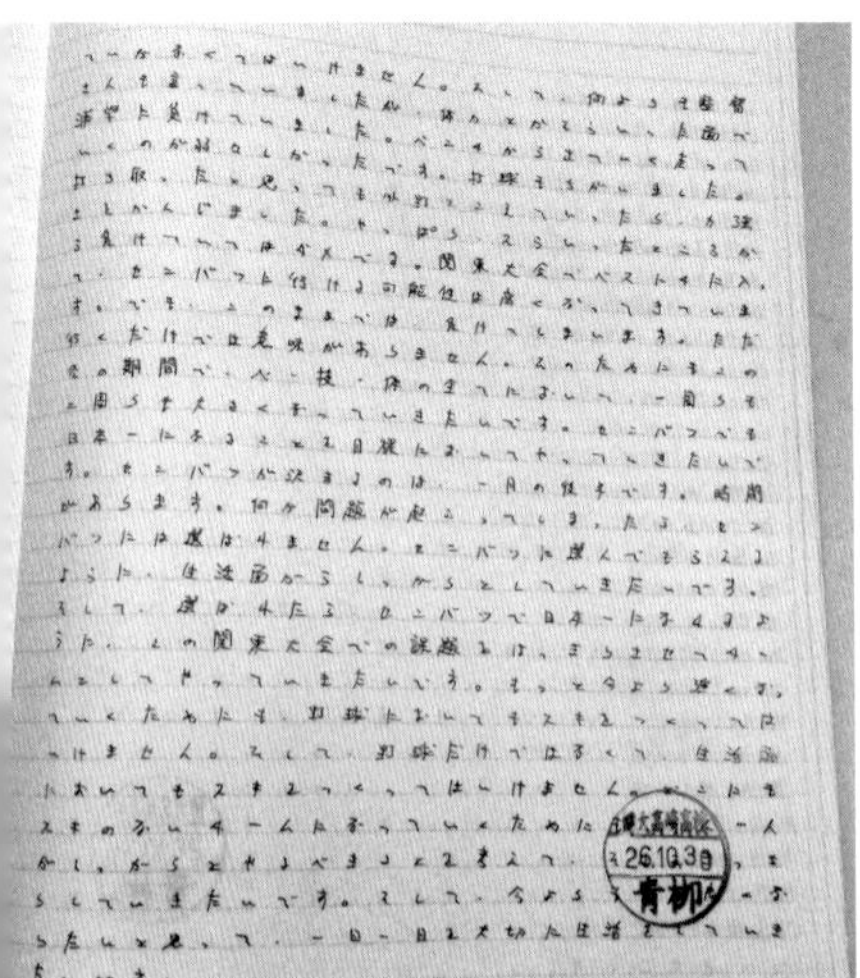
26.10.30
青柳

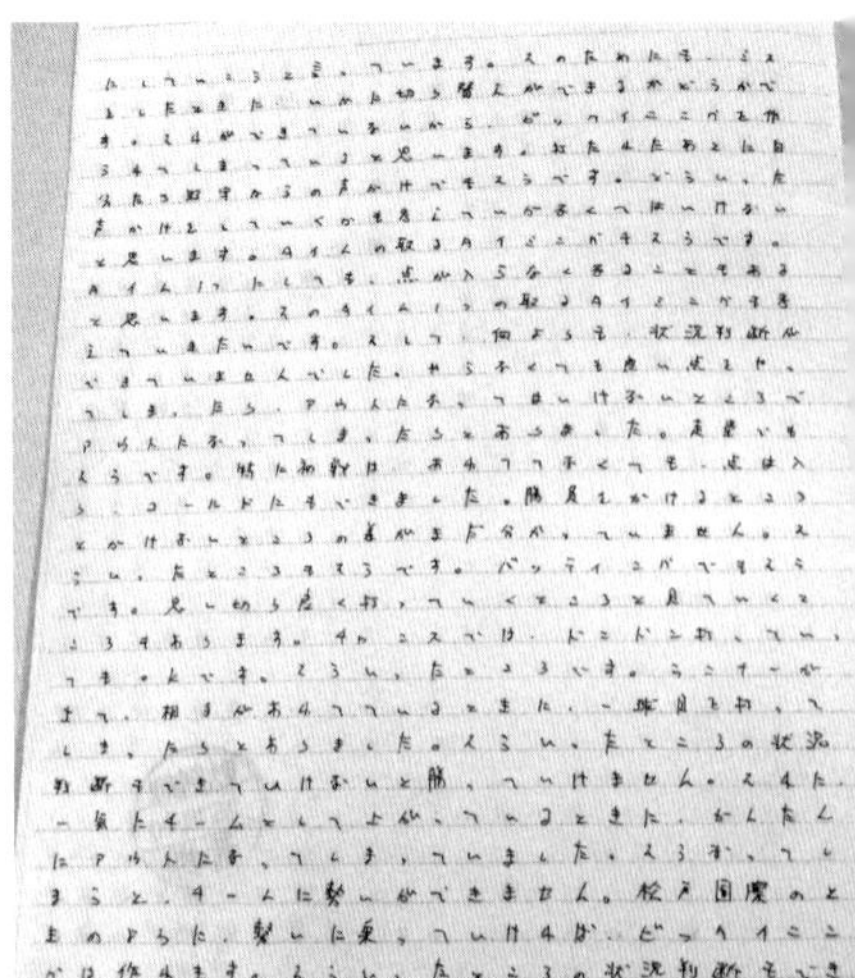
26.10.30
青柳

りました。いまは中心選手としてチームを引っ張ってくれているので、とても変わったと思います」

挫折から学んだこと

青柳監督は常々、部員たちに「人間性」について指導をするが、それは林だけはない。秋季大会でもエースナンバーを背負っていた川井智也もそうだ。

「お前には心がない。そう、監督さんからずっと言われてきて、ピッチャーだから心を大切にしなきゃって自分のなかでも思っていたんですけど、どうすればいいか分からなかった。でも、ノートを書き続けるうちに、一番は気持ちの面で、エースとしての自覚や責任を感じるようになりました。元々は半ページで良かったけど、2年の春から夏頃に、調子が出なくて、監督さんに怒られてばかりのときがあって、それがきっかけでなにか変わらなきゃダメだと思って、1ページ書くようになって、それからずっとそれが習慣になっています」

その時期から、ノートを新調するたびに表紙にも、太いマジックで「心」の文字を書き

込むようになった。

「監督に言われ続けていた自分の人間性を改めて見直していきたいと思って、6～7冊目くらいのノートからずっと表紙には『心』って書いています。教えていただいたことをちゃんと意識できるようにという思いを込めて。いまは、このノートには、練習の内容や技術のこと、また指導者の方たちと練習で話したこと。監督に言われた大切なことを書いています。ノートの中身を見返すことも多くなりました」

野球ノートの存在を見直してから1年。川井は、健大高崎高校のエース番号を背負って、春の選抜大会の甲子園のマウンドに立っていた。昨夏の甲子園でも4試合中3試合に先発するなど、川井の成長もまた著しかった。

春の選抜大会では、初戦の宇部鴻城高校に9対1で勝利すると2回戦では天理高校と対戦。川井はこう野球日誌に書いた。

3月28日

今日は2回戦で天理とやりました。結果は3対1で勝ちました。

今日のピッチングのテーマは高低を使うピッチングで打たせてとることでした。

高めの甘いコースにいってしまった時もあったけど、うまく高めの目の高さのストレートを見せて緩急で打ち取ることができました。

今日一番の失投は、1アウト3塁の時に、5番に打たれたチェンジアップでした。空振りをとりにいった球を甘くいってしまってレフト前にタイムリーを打たれて同点にされてしまいました。でも今日は高低をうまく使って投げられたと思います。

次は東海大四高です。葛原先生も予想外のことが起きるならこの試合だと言っていました。

支えてくれる人に感謝してこれからも全員野球で戦って優勝したいです。

この試合、健大高崎高校の足を警戒し過ぎた天理高校が守りでミスをするなど、まさに機動破壊を体現した試合展開で、競い勝った一戦となった。しかし、その翌日の東海大学付属第四高校との準々決勝は、葛原コーチの予想が的中する。結果は0対1の完封負け。

この日の選手たちの野球ノートには、悔しさと反省の言葉が、思い思いに綴られていた。

監督の青柳は言う。

「柘植は選抜で負けたことに対して、自分自身に責任を感じていましたね。ノートには、

自分を問い詰めるような気持ちが書いてありました。彼のせいというわけではないけど、全員がそういう気持ちでやっていくことは大事ですからね。いまの子は、責任転嫁することが多いですけど、自分の身になって反省できるようになるとチームは強くなりますよね。それがノートにも書かれていれば、ノートはさらに自主的なものになっていきます。野球ノートは誰かに押し付られたものではなくて、彼らの将来に生きるノートを自分たちで作ってほしい。一時の野球だけじゃなくて、やっぱり感性を磨いて、連帯責任の気持ちを養ったり、記録を大切にしたり。そういうことを毎日ノートを書くことで、学んでもらえたらいいなと思います」

将来の自分のために。監督のその思いよりも早く、いまの自分を野球ノートが支えることもある。

「自分はよく落ち込むタイプで、そんなときは前のノートを見て、あの時の手術はもっと苦しかったから、いまがつらくても頑張ろうって思えることができました」

そう話すのは、入学後、2度の手術を経験し、1年間野球ができなかったという相馬優人。野球日誌にはその不安と、一方で前向きに捉えようとする気持ちが綴られている。

9月5日（木）はれ

ケガを治して復帰する！

今日は自分は病院に行ってきました。その結果、手術する方針になりました。ということは、相当長い期間野球が出来ないということです。これはかなりキツいです。しかし、手術しないでやり続ければ痛いのを我慢して満足にプレー出来ないので、これはしょうがないことだと思います。またケガが治り、復帰したら長期いなかったので、それからは相当努力をしないとレギュラーをとれないと思います。本当に死にものぐるいでやらないといけません。

ケガをして体を使ったことはできなくても頭を使える。しっかりと頭を鍛えること。ピンチをチャンスに！

2月12日（水）晴れ

今日から入院です。明日の16時半～17時の間から手術が始まります。いよいよ手術になります。もうやるだけです。この手術をすれば、野球が出来ると考えたらとてもやる気が出てきました。これから手術、リハビリと辛いと思うけど、野球がや

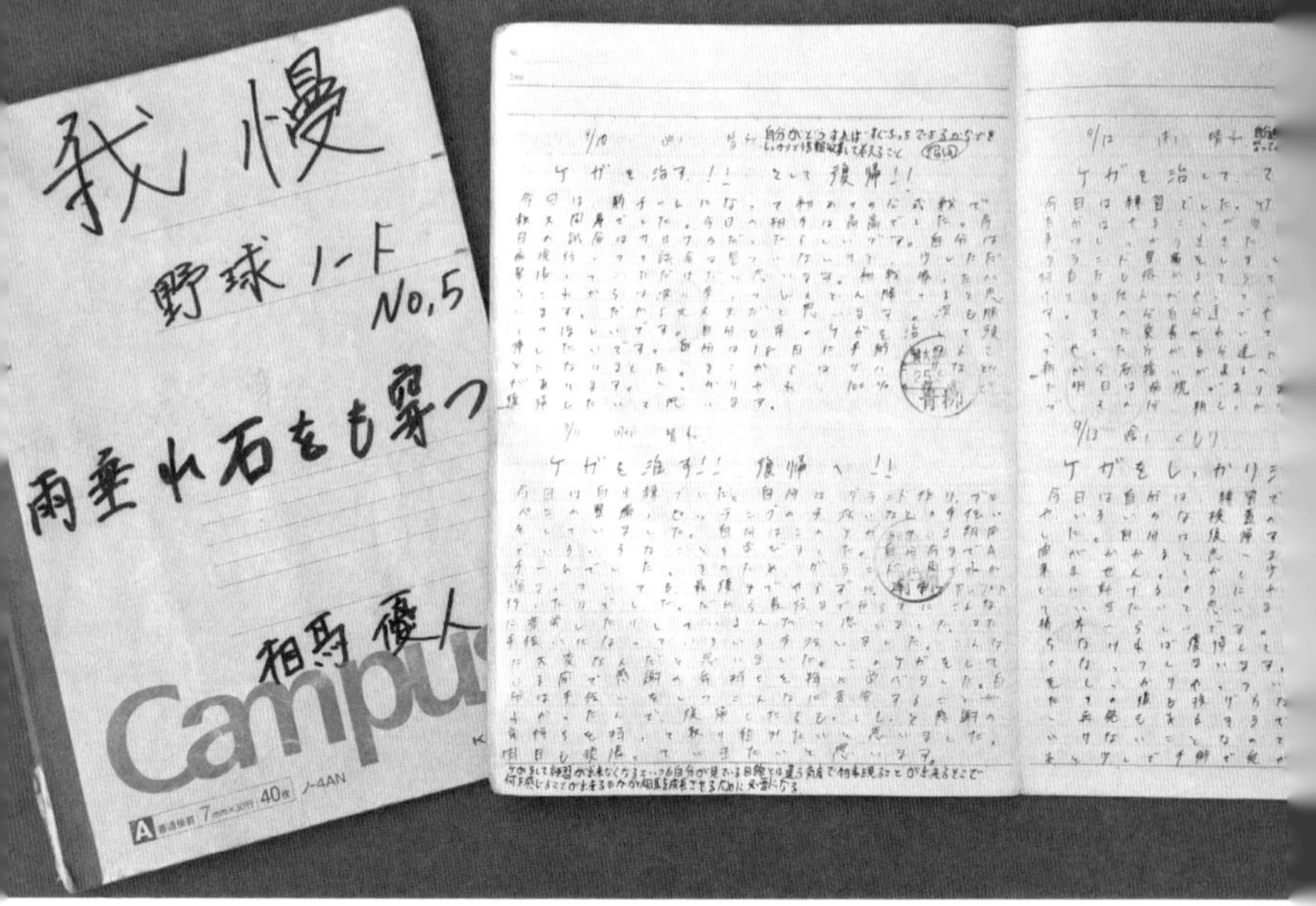
我慢
野球ノート
No.5
雨垂れ石をも穿つ
相馬優人
Campus
ケガを治す!! そして復帰!!
ケガを治す!! 復帰へ!!

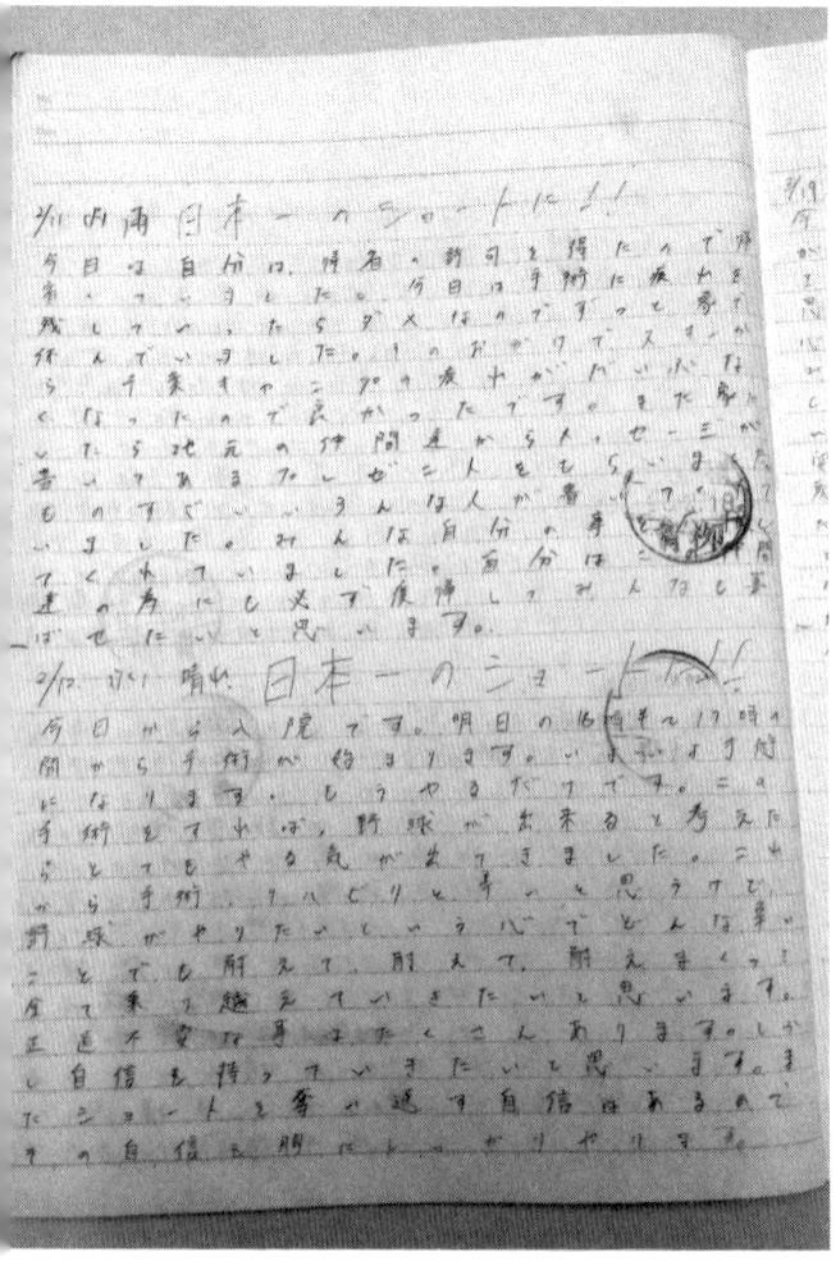
日本一のショートに!!

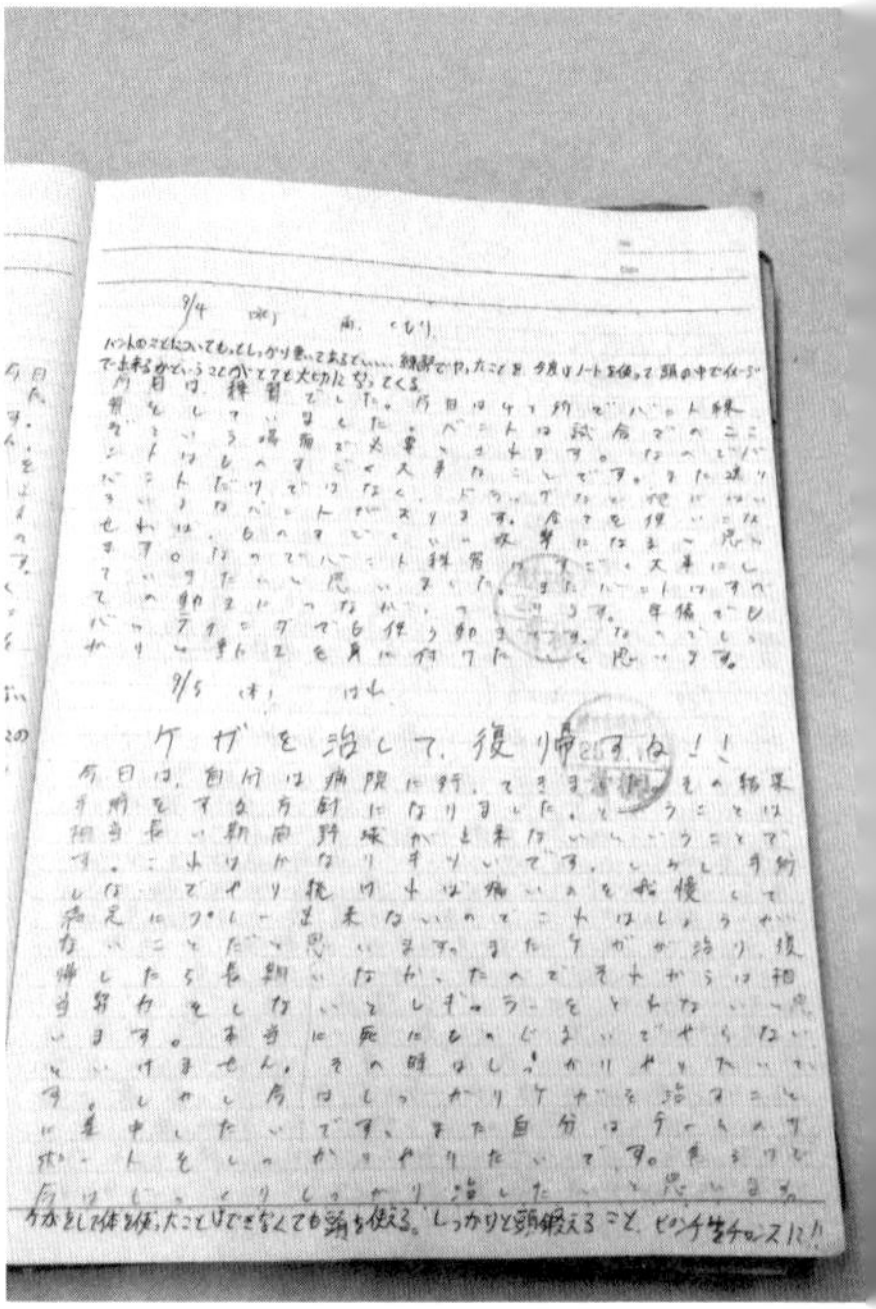
ケガを治して、復帰するぞ!!

りたいという心で、どんな辛いことでも耐えて耐えて、耐えまくって、全て乗り越えていきたいと思います。

正直不安な事はたくさんあります。しかし、自信を持っていきたいと思います。

3月19日（水）くもり

今日はギプスが取れました。まだ多少痛いのですが、これもリハビリをしていけば取れるということなので、しっかりリハビリをしていきたいと思います。

復帰まではとても長いです。今の心境としては焦りと不安の方が多いです。みんなこの冬を越えてとても上手くなり、成長しています。そんなみんなに自分は追いついて追い越せるかどうかがものすごく不安です。でも、絶対にレギュラーを取り戻してみせます。

相馬は、自分への宣言通り、1年のブランクを跳ね除け、春の選抜大会では、1番セカンドで出場を果たした。初戦の宇部鴻城戦では、2回に走者一掃の三塁打を放つなど、チームの勝利に貢献。

「野球ができない間に、みんなにどんどん置いていかれるという不安や焦りが書かれているページや、新チームで復帰したらレギュラーを取るんだという強い意志が書かれているページなど、野球をやっていなかったときに書いていたノートの内容が一番記憶に残っています。また、復帰後の自分を支えてくれるものにもなりました。どんなことでも、継続することは、本当に大切なことなんだとノートを通じて、学ぶことができました」

健大高崎高校が全国で勝ち上がれば、必ず機動力がフォーカスされるが、その機動力を身に付けるための土台が、選手たちに備わっているからこそ「機動破壊」は実現できる。

健大高崎高校の野球ノートが、選手たちが最高のパフォーマンスを発揮するための心の土台をつくっていることは間違いない。

〝気になる〟監督のノート

この土台が選手側にしっかりと作られているかを把握した上で、青柳監督はいま、その向こう側にある野球を選手たちに求め始めていた。

「いまでは、走塁をいろんなチームが警戒してきますが、自分たちは、それだけでは勝て

ません。それを超える野球をしていかないとそれ以上はないんです。走塁にプラスした力をつけていかないと。『機動破壊』は確かに浸透しましたけど、今後はもっと上の野球をしないといけないと考えています。例えば、バントは精度を高くして一発で決めるとか、2アウト二塁でもランナーを還せるとか。機動力だと一歩一歩しか進めないけど、ホームランで一気に還せる打線を作るとか。実際、選抜後の春の県大会でも、柘植や柴引(良介)のホームランで勝ち上がることができた。甲子園で優勝するチームをみても、大事な場面ではホームランでの得点が多い。そういうバッターが数人揃って、機動力も嚙み合わせながらやっていかないと。ここまで、ひとつの形として『機動破壊』のチームを作ってきましたが、ここからもう一度チームを変えていくことで、さらに上に行けるはずなんです」

常に、周囲の想像を超えて、誰よりも先を見据えてチームを作り上げていく青柳。広い視野で、多角的に物事を見ることを是とする監督の秘密とはどこにあるのだろうか。

そのヒントは、青柳が、練習でも試合でも常に持ち歩いている黒くて分厚いファイルと手帳に隠されていた。そのファイルの存在は、部員たちもよく知っている。

「監督がいつも持っている分厚いノート、結構気になります」(柘植)

「試合のときでも、分厚いあのノートを持っていてすごいなと思っていました」(川井)

左手にあるのが青栁監督の分厚いノート

部員の間でも、噂となっているそのファイルには、一体なにが書いてあるのだろうか。

「ここには私の予定や野球部の運営に関する情報が書いてあるんです。予定は3年先まで書いていて、あとは試合で誰が投げたとか、練習試合はどんな内容だったとか、部費の管理から過去10年間の生徒たちの進路まで、この一冊にまとめています。自分は、監督になる前は、サラリーマンを8年くらいやっていて、教員も、野球部のコーチも、経験がありませんでした。教えるのは初めてということもあって、つい目線がサラリーマン意識になってしまうんです。サラリーマンっていうのは、時間管理や、振り返りをすることをすごく大事にするんですよね。当時から手帳をつけていましたが、いまもその延長で、細かく書き込んでいます」

それは、青柳が思い描く、これからの健大高崎高校というチームの在り方を実現させるためにも必要なものでもあった。

「私は、自分が野球部を後にしても、誰がやっても同じ野球ができるようなチームにしたいんです。組織としてできる、そういう野球部にしたい。だから、これまでのこと全てをマニュアル化して引き継げるようなイメージで、こうやって一冊のファイルに残していっています」

野球部監督に就任前は、建設会社の総務部で人事などを担当していた青栁だからこその発想でもある。しかし自身の後任のことまで考えてチーム作りをしている指揮官が他にいるだろうか。

さらに、この10年間の取り組みを記録として残してきたことで、高校野球の戦術の変化にも気付くことができた。

「野球のトレンドは10年で一回りしているので、10年前に流行った作戦が、いまになって、またブームになったり、逆に昔やっていたことが急に流行ったりします。ツーランスクイズを甲子園でやりましたが、10年前にはよく見られた作戦。逆にセーフティースクイズは、いまはなかなか成功しないでしょ。高校野球というのは、流行廃りがあるから、作戦もそういうふうにリバイバルするんです」

健大高崎高校が火をつけた「機動破壊」を真似て、ここ数年、走塁に力を入れるチームが増え始めたが、当の本人たちはいま、次のステージの野球を身に付けようとしている。そのとき、自分たちが辿ってきた道を振り返れる野球ノートは、彼らにとっての心の支えとなる。負けても、勝っても、本音で書き続けるノートこそ、本物の地力となるのだ。

神奈川県 向上高校野球部

「人で勝つ野球日誌」

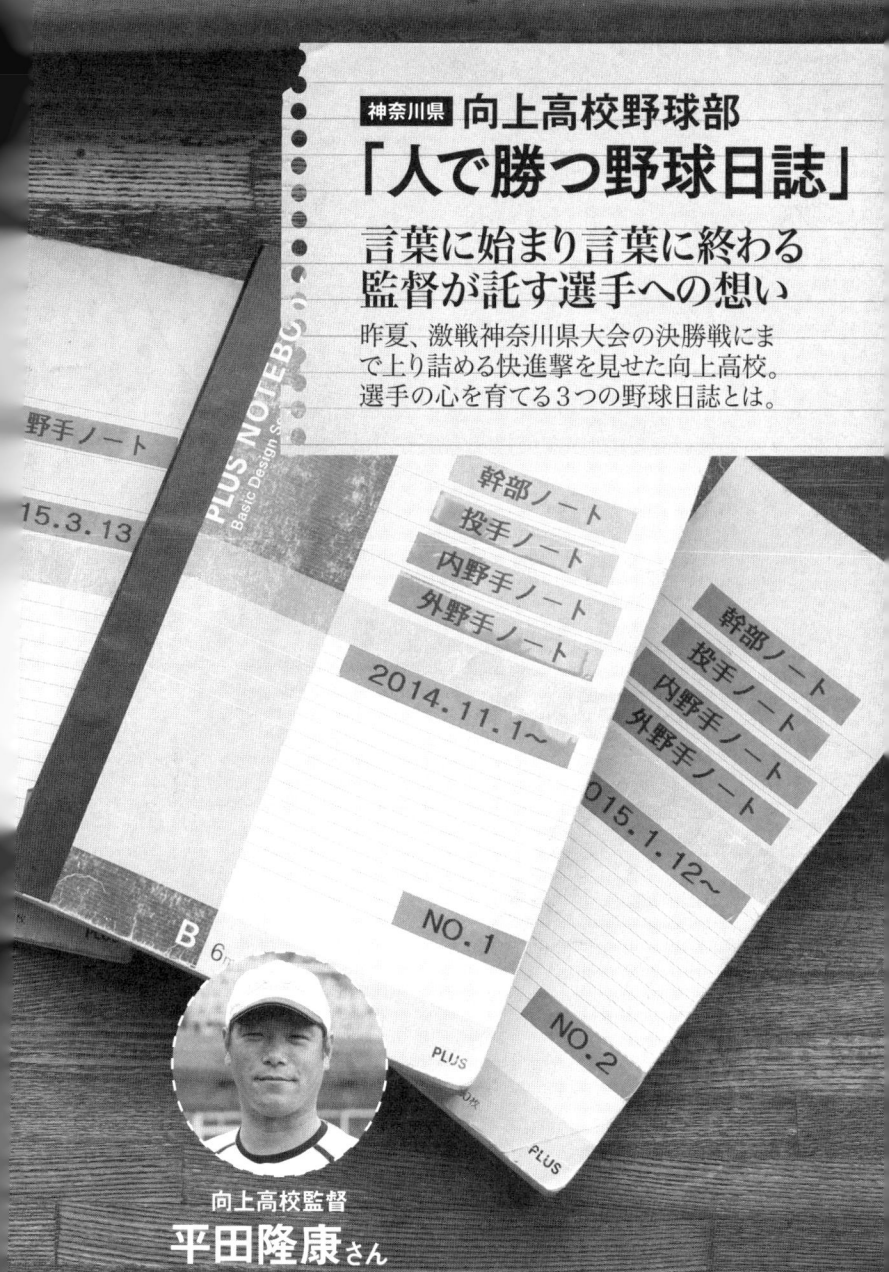

言葉に始まり言葉に終わる 監督が託す選手への想い

昨夏、激戦神奈川県大会の決勝戦にまで上り詰める快進撃を見せた向上高校。選手の心を育てる3つの野球日誌とは。

向上高校監督
平田隆康さん

向上高校3年生・主将
荻原大輔選手
向上高校3年生
四條尚彦選手
投手ノート
内野手ノート
幹部ノート
2015.3.13
NOTEBOOK
No.3
PLUS
向上高校3年生
木谷剛選手
向上高校3年生
高橋弘企選手
向上高校3年生
鈴木耕平選手
向上高校3年生
所大貴選手

向上学園向上高校（こうじょうがくえんこうじょうこうこう） 所在地は神奈川県伊勢原市。1907年に創立された私立高校。主な野球部OBに高橋智らがいる。

社会人経験から得たもの

「人で勝つ野球部を育てたい」――その思いひとつで激戦区・神奈川で勝ち抜けるチームを作り上げてきた。

向上高校硬式野球部に平田隆康監督が就任して13年が経った。平田監督が就任以降、その指導方針やチームの雰囲気に魅了され、部員は年々増え続け、気付けば100名を超える大所帯に。また、2014年には春の神奈川県大会、関東大会で準優勝。さらに第96回神奈川大会でも準優勝を収めるなど、昨今では大会に出れば上位進出が当たり前のチームとなった。

しかし、その練習環境は、グラウンドを訪れる人が毎回必ず驚くほど。100名以上の部員がいるにも関わらず、グラウンドは複数の部活動と使用しているため、野球部は外野までスペースを確保できない。室内練習場もなければ、サブグラウンドもない。練習範囲

が限られているため、フリーバッティングも、外野からの連携プレーも実施できない。それでも、選手たちは誰ひとり、その環境をマイナスに捉えていない。生き生きとボールを追いかける姿がそこにはあった。

そんな、向上高校の部員たちの姿を、学校説明会などで訪問した際に目の当たりにした中学生がそこで入学を決めることも少なくない。

事実、今年の野球部のマネージャー・四條尚彦も、野球未経験者でありながら、学校見学の日に向上高校野球部とたまたま出会って、「ここでマネージャーをやりたい！」と入学を決意したひとりである。高校3年生になったいまでは敏腕マネージャーとして、チームを切り盛りしている。人で勝つ野球部は、情熱に溢れた仲間を練習の雰囲気だけで呼びこむ野球部でもあるのだ。

そんな向上高校野球部が大切にしている独自の取り組みがいくつかある。

ひとつが、企業さながらのチームの組織化だ。大きなピラミッド型の組織図がこのチームには存在する。

トップの統括幹部グループは、キャプテン、副キャプテン、マネージャーと、各学年の

責任者で構成されている。その下に、「技術・戦略強化委員会」と、「運営向上委員会」が設置され、さらに、その下に、守備強化、打撃強化、走塁強化、メディカル&トレーニング、データ・情報の5グループと、組織運営、用具統括、グラウンド管理、コンテナ管理、環境美化の5グループが加わる。この10個のグループのなかでも、さらに41のチームに細分化され、全部員が「全てに対して日本一のチームづくり」をテーマに、ひとりずつ大切な役割を持って、毎日グラウンドに立っているというわけだ。

教員になる前は、企業に勤めていた平田監督だからこその発案である。

つねに野球界だけではなく、外の世界からヒントを得て、チームに還元していく平田監督は、東京の世田谷学園高校から駒澤大学を経て、大学卒業後は一般就職するも、野球指導者の夢を追って退社を決意。その後、教員免許を取得し、28歳のときに向上高校野球部の指導を始めた。そして社会での経験を得たからこそ、見えたものを還元してきたのだ。

一方で、高校時代の恩師・近藤教克監督や、駒澤大学野球部での太田誠監督との出会いも平田監督に大きな影響を与えたことは間違いない。

いまでも平田監督が、大切にしている習慣がある。

「あるとき、太田監督から、『もっと文字に対しての意識を上げていきなさい』と指導さ

れたんです。もともと文字を書くのは好きだったので、大学に入ってからは、毎日、日記をつけるようになりました」

平田監督の日記を書く習慣は、社会人になってからも続いた。

毎朝、誰よりも早く会社に着くと、自分の席に座って、今日一日の予定と昨日の出来事を日記にしたためる。それが、平田監督にとっての朝の日課となった。

それは、教員になってからも変わらない。いまでも、まだ誰もいない朝早い職員室で、日記を取り出し、昨日の出来事などを書き留める。

いま、平田監督が愛用しているのは、5年日記というものだ。5年間分、同じ日記帳に書くことができるため、一年前のこの日はなにをしていたのかが、すぐに分かる。

「人間は、忘れる生き物なので振り返ることが大事だと思っています。去年の自分と、今年の自分。一週間前の自分と、今日の自分。うろ覚えじゃダメ。やっぱり、書き留めるっていうのはすごく大事だなと思いますね。僕は〝節目〟をすごく大切にしています。元旦や新学期、大会開幕日など、過去のこの時期は、どんなこと思っていたのかなとか、20代のときはどんなこと考えていたのかなとか、そういうことを気にしたりしていますね。選手たちにも、『俺が、20代の頃、働いていたときはこういう気持ちで働いていたよ』と話

をするときもありますし、『去年、お前にこんなアドバイスをしたけど覚えてくれているか？』というように会話することも多いです」

そうした自身の経験から、平田監督は、部全体に野球ノートを取り入れる。10年ほど前のことだ。それ以前は、下宿していた部員やキャプテンとだけノートでやり取りをしていたという。

野球ノートが部全体に導入されてからは、ノートの在り方は、チームの状態と成長とともに、毎年進化を続けてきた。

3種類のノート

現在、向上高校野球部に存在するノートは、「ポジションノート」と、選手たちがお尻のポケットに入れていつでも大切なことをメモすることができる「メモ用ノート」。そして、個人的に監督に提出している「個人ノート」の3種類がある。

このうち、毎日提出しているのは、「ポジションノート」と「個人ノート」のふたつだ。毎日といっても、ポジションノートの場合は4班に分かれていて、キャプテン・副キャプ

テン・マネージャー・各ポジションのリーダーたちが書く「幹部ノート」と、ポジションごとに分けた「投手ノート」、「内野手ノート」、「外野手ノート」があり順番に書く。

これは、一日ひとりずつ書いて、提出係の生徒に毎朝渡す。提出係は朝のうちに、職員室へ行き平田監督にノートを渡すと、昼休みに平田監督からコメントが書かれたノートをまた受け取りに行く。今年はマネージャーの四條がその役割を担った。練習が始まる前には、前日書いた部員のもとへノートが手渡され、監督からのコメントを確認してから、その日の練習に入る。ノートの監督のコメントは、その日の練習で、「今日は、お前のここを注目して見ているぞ」というメッセージでもあるため、選手たちの意識はより高まる。

練習後には、次の書き手の選手に渡して、ノートが同じポジション間で回っていくわけだが、「節目を大事にする」習慣がある向上高校だからこそ、入学式や開幕日などに「俺の順番じゃないけど、ちょっと間に入って書かせてくれ」と自主的に書いてくる選手も多い。

他にも、試合中に監督から怒鳴られて、突き放された選手が、自分の書く順番ではないのに、「今日は監督に伝えたいことがあってノートを書きたいから、俺にしてくれ」と言って、間に入ってノートを書いてくる選手もいる。彼らにとって、ポジションノートは監督とのコミュニケーションの手段である一方で、日本一のチームになるためのヒントを探

すツールでもある。ここ最近では、「去年の先輩たちがいまの時期になにを考えていたのか、どういうことをやっていたのか知りたいので、一年前のこの時期のノートを見せてください」という部員も増えた。

「ポジションノート」がなくなった日

また、このポジションノート以外に、部内の数名が活用している個人ノート。これは、監督が生活態度の良くない部員に対して、「毎日書いて来い」と指名するものと、個人的に監督と日誌交換がしたいから提出する2パターンある。

この個人日誌をめぐって、最近、こんなことがあったという。

「チームで問題を起こして、僕と個人的にノートのやり取りをしていた選手が、ノートの提出を怠けた時期があったんです。書かされているという思いで取り組んでいるんだったら、もうお前とはやらない！　明日から持ってくるなって話したら、監督室の裏で、マネージャーの四條がその部員に『明日から俺が読んであげるから、書くのをやめないで俺に持ってこい！』って言って、同級生同士なんですけど、本当に毎日コメント書いて見てあ

げているんです」

その四條は、向上高校の野球ノートを「チームにとっての武器のひとつです」と語る。

「自分の思いを監督に伝えるためのツールです。それに他の部員がなにを考えているかも気になりますね。アイツ、こういうことがあったんだとか、こう考えていたのかとか。だから、部で上手くいってない選手には『個人ノート、書いてみないか？　なにかお前が変われるキッカケになるかもしれないぞ』って勧めることもあります」

実際に、四條に声を掛けてもらって、個人ノートをつけ始めた部員もいるほど、いまでは監督と選手だけのものではなく、チームのものとして、浸透している。

しかし、最初から、ここまでノートの存在が彼らにとって大きかったわけではない。

今年の3年生たちは、約半年間、ポジションノートをつけない時期があった。

「高校野球ってやらされている感が絶対に出る。掃除にしても挨拶にしてもね。僕は、それをなくしたいんです。ポジションノートにおいても、書かされているのは絶対良くない。だから僕自身、ポジションノートを読むからには、彼らに真剣にコメントを書きます」

そう話す平田監督が、昨年4月下旬、当時の2年生たちのポジションノートが、書かされて書いている内容になってきたと感じたことがあった。

キャプテンの荻原大輔は、そのときのことをこう振り返る。

「大事なノートだと分かっていたけど、みんなマンネリ化してしまって、自分の思いとか、監督への決意表明を忘れて、字も汚くなって、内容も薄れてしまった。それで監督から、『嘘をつくやつへのノートにコメントは書きたくない』と言われて、僕ら2年生は、監督からの信頼を失ってしまったんです」

ポジションノートがなくなって初めて気付いたことがあった。

「自分たちのなかで、ポジションノートがなくなって、監督との接点がなくなってしまった。寂しくなって、どうしていいか分からなくなりました。監督に怒られることを直せば、監督も振り向いてくれると思ったけど、でも怒られることもない。監督への連絡手段もなくなって、もう一度、2年生たちで話し合うことにしました」

半年間、監督との空白の時間を過ごし、秋の大会が終わってから、荻原が代表して監督のもとを訪れた。

「もう一度、僕たちにポジションノートを書かせてください」

この日、2年生部員たちは、ポジションノートと本気で向き合うことを監督と約束した。

「いま振り返れば、無駄な時間を過ごしてしまったって思います。自分の心の声や、感じ

たことをノートに書いておけばよかったといまでも思っています」

そんな出来事があったからこそ、ポジションノートの存在は、彼らのなかでとても大きなものとなった。

荻原大輔

11月1日（土）

〝初心に立ち返って〟

このポジションノートが書けない間、僕が感じていたことは監督との距離がどんどん離れているような気がしていて、〈略〉監督との関わりが以前と比べ多く減ってしまい、寂しいという気持ちが強かったです。恐らくそう思っていたのは、僕だけでなく他の二年生も思っていたと思います。〈略〉

物事をずっと続けているとそのことに慣れ、本来の意味や意図、有難さをいかに忘れてしまうのか思い知らされました。それは、全部のことに繋がっていて、野球を何故始めたのか、何故学校に通うのか、何故怒られるのか、本当に色々なことを初心にかえって考えることができるようになったと少し自分で思っています。

このことを考えることができれば野球に対する意欲も自然と前に比べてあがると思いました。この冬で成長した先輩達を思い出しながら今年は僕らの力で一年生を引っ張ります。

平田監督は、赤ペンでこんなコメントを残した。

人生は失敗の連続であり、楽になど生きていけない。今のお前たちは隠したり、逃げたり、諦めたりと失敗を恐がり、何も挑戦しなかった。本気になり、今生かされていることに感謝をし、懸命に野球をしろ。

翌日からのノートにも、各部員たちから、ポジションノートが再開できたことへの喜びと、これからの思いが、1カ月以上、書き綴られていた。

もちろん、向上高校にとってこれはゴールではない。3カ月後には、今度はポジションノートのページから、部員たちの名前が消えた。監督の平田は言う。

「名前を書かずに内容で自己アピールをするノートに切り替えました。体裁を整えるため

荻原 大輔

No.
Date 11.1.土

"初心に立ち返って"

今回、このようにまたポジションノートを書かせて頂くチャンスを下さり、また書かせて頂けることとても感謝しています。ありがとうございます。三年生がいた時の最後の体重測定でまたも二年生が不正行為をし、監督の信頼を裏切ると同時にチームに大きな迷惑をかけたこと、本当に申し訳ございませんでした。もう監督の信頼を裏切らないことをここで約束します。

このポジションノートが書けない間、僕が感じていたことは、監督との距離がどんどん離れているような気がしていて、監督と直接お話をして頂く、グラウンドの中で野球を教えて頂く、ポジションノートを書かせて頂いている時には、このことに付け足して自分の字でたくさんの事を伝えられ、コメントを頂ける、監督との関わりが非常に多くできていました。ですがポジションノートを書かせて頂けないようになってから監督との関わりが以前と比べて多く減ってしまい、寂しいという気持ちが強かったです。恐らくそう思っていたのは、僕だけでなく他の二年生も思っていたと思います。
このノートは監督との信頼を築く為、仲間のことをより深く理解する為、監督と約束をし有言実行し、監督から評価、アドバイス、考え方、色々なことを教えて頂く本当に大切なノートだということを改めて感じました。このノートを忘れ提出できなかったり、雑な字で書いたりしていたことがどれだけあってはならないことだったかというところにも気付きました。物事をずっと続けているとそのことに慣れ本来の意味や意図、有難さをいかに忘れてしまうのか思い知らされました。それは、全部のことに繋がっていて、野球を何故始めたのか、何故学校に通うのか、何故怒られるのか、本当に色々なことを初心にかえって考えることができるようになったと少し自分で思っています。このことを考えられることができれば野球に対する意欲も自然と前に比べてあがると思いました。
この冬で成長した先輩達を思い出しながら今年は僕らの力で一年生を引っ張ります。

人生は失敗の連続であり楽になど生きていけない。今のお前達は、隠したり、逃げたり、諦めたりと失敗を恐がり、何も挑戦しなかった。本気になり、今生かされていることに感謝をし懸命に野球をしろ　主将として100%の力で責任を果たせ。

に、キレイなことを書くんじゃなくて、ちゃんと喋れる高校生になってほしかったんです。自分をちゃんと表現できる高校生になってくれと。これまで、そういった部分が上手くいかなくて、まずは文章で誰か分かるものを書いていこうということでスタートしました」

2015年2月12日以降のノートを見ると、これまで最上部に書かれていた書き手の名前は消えて、ページは、タイトルから始まっている。そして、タイトルの横には平田監督が赤ペンで、この日に書いた部員の名前を記載している。

平田監督が「石田」「宮本」と名前を特定して書いているページもあれば、「山田か?」「榎本か?」と疑問符付きで返すこともある。

それは、自己アピールが足りないということだ。

全く見当もつかない書き手には、「誰だか分かりづらい。相手に自分のことを紹介できない所も弱さだと思うが」と赤ペンでコメント。

それでも、改善し変化することができるのが、強いチームの共通点だ。

1カ月、2カ月と、書き続けるうちに、ほとんどの部員が自分を表現できる内容のノートを書けるようになっていた。

「名前を書かなくなってから、選手たちは、いまの自分が置かれている立場をすごく理解

するようになりましたね。ただ練習メニューだけ書いても読み手には伝わらない。自分を表現しないと、相手には伝わらないので」

そう話す平田監督が、〝自分を表現する〟ことにおいて、大切にしているのが、「字」だ。

字は人柄を表す

字に関しての平田監督から選手へのコメントは実に多い。

「字は目とか口とか、表情などと一緒で人柄を出します。表現するには、すごくいいものなので、うまくなくてもいいから、丁寧に書く習慣をつけると生活もきっちりしてきます。考え方も発想が豊かになるし、表現力も高くなるんじゃないかな。実際に自分もそれでプラスになったこともあるので、字に関しては、うるさく言いますね」

これは、ある日の平田監督から選手へのコメント。

生まれてきてすぐに字が書ける子供はいない。字が書けるようになってから一文字一文字上手く書ける為にはと工夫し練習してきて今がある。その差が出ている。

人の想いや生き方も字で見える時がある

この汚い字が直らない限り、お前の成長はない。他の人に間違われるような内容しか書けない事を恥ずるべきだ

平田監督からのコメントは、毎日が選手への熱いメッセージだ。

3年生の所大貴はこう語る。

「平田監督のような監督は、日本中探してもいないです。監督がノートに書かれた厳しい言葉ほど、頭に残っています。野球ノートは他の高校でもやっていますけど、僕たちは、ポジションごとに分かれてやることに意味があると思っています。技術面や精神面などいろいろとノートに書くことで、誰がなにを思っているのかが分かるのがポジションノートの利点。この選手はこういうふうに成長したんだって、他人に関心を持つことができる。向上野球部は、人で勝つという言葉を掲げているので、ポジションノートのなかでも、人とのコミュニケーションを大事にしています。それでも、1年生のときは、なにを書こうか？　とか、書いたのはいいけど内容が薄くて具体的に書けなかったりしました。でもいまは、気持ちを素直に伝えるだけでいいって気付きました。気付いたら2ページ目に入っ

ていることもある。伝えたいことに本気になれている。それは僕だけじゃなくて、チーム全体が最近はそうなってきていると思います」

5月6日（水）

最後の集大成へ

今日でゴールデンウィーク中の練習試合が終わり明日から全体が揃っての練習が始まります。今日のA戦では3年生の捕手で僕と清田が試合の方に行かせて頂き、3日、5日のB戦とはまた違ったものを吸収できました。

試合中に監督からお話をして頂き、僕は今日の試合が今までで一番印象に残りました。今日のように監督と試合中にあまり話したことがなく、僕の成長したこと、まだ足りないことを話して頂き、嬉しい気持ちになりました。

僕が1年、2年を経て成長できたのは監督のご指導あってのことです。いつも学校で残留練習の時に登下校の際にゴミ拾いは当たり前だからやって当然のことだと思い他の選手が素通りしてしまっている時でも、拾って当然。と思いこの行いが何かに繋がればいいなと思って現在もそうですが取り組んでいます。

当たり前のことをやり続けた結果が周りの人に評価され2日、今日のA戦に行けたことに大きく繋がっていると思います。他の高校ではこういったゴミ拾いなど当たり前にできることを評価してくれる監督は少ないと思います。ですが平田監督は選手の事を第一に考えて下さるので人数が多くてもそれに応えようとする選手の気持ちがあるからこそ効率よく練習が上手く回るんだと思います。

試合の時に監督のそばにいるだけで安心感が湧いてきます。たとえその日の試合に出られなくてもチームのために動けば一歩ずつ一人の人間として成長できると思います。

この向上高校野球部の部員として入部した時から今に至るまで僕が身に付けた力を最後の大会に向け存分に発揮させて、チームを大きく動かせる存在になっていきたいです。

所のこの日のノートに、平田監督はこんなメッセージを書き込んだ。

必ず報いる時がくる。自分の信念を曲げずに正しいと思えることを人よりもやり

続ければ必ず信用される人になる。人の価値はどれだけの人から信頼を勝ち取れるかだ。まだまだ成長途中。大きな人になれ。

このゴミ拾いに関しては、所だけでなく、同じ3年生部員の鈴木耕平もまた、自宅の最寄り駅で実行していた。

「鈴木は、自分でも視野が狭くて、真面目だけど融通が利かない選手だって分かっていて、それでなにかを変えたくて、自宅近くの駅周辺でゴミ拾いを始めたようです。その様子を見ていた一般の人から、『向上の生徒が、駅のゴミ拾いをしてくれているようです』と学校に電話をしてくれて分かったことなんですけどね。こっちがなにも言わなくても、選手たちは、自分にないものを磨こうと自主的に取り組んでくれています」

自分を変えたい。その思いはノートにも表れている。

例えば3月15日から4月1日の半月間で、鈴木耕平は外野手ノートに5回登場している。「欲張っているわけじゃないけど、監督に伝えたいことがあってどうしても書きたかったんです」と話す鈴木。その内容は自分のことだけではなく、仲間のことも綴られていた。

No.

Date 5. 6. 水

最後の集大成へ　　所

今日でゴールデンウィーク中の練習試合が終わり明日から全体が揃っての練習が始まります。今日のA戦では3年生の捕手で僕と清田が試合の方に行かせて頂き、3日、5日のB戦とはまた違ったもの吸収できました。試合中に監督からお話をして頂き、僕は今日の試合が今までで一番印象残りました。今日のように監督と試合中にあまり話したことがなく、僕の成長したこと、まだ足りないことを話して頂き嬉しい気持ちになりました。僕が1年、2年を経て成長できたのは監督のご指導あってのことです。いつも学校で残留練習の時に登下校の際にゴミ拾いは当たり前だからやって当然のことだと思い他の選手が素通りしてしまっている時でも、拾って当然。と思いこの行いが何かに繋がればいいなと思って現在もそうですが取り組んでいます。当たり前のこともやり続けた結果が周りの人に評価され2日、今日のA戦に行けたことに大きく繋がっていると思います。他の高校ではこういったゴミ拾いなど当たり前にできることを評価してくれる監督は少ないと思います。ですが平田監督は選手の事を第一に考えて下さるので人数が多くてもそれに応えようとする選手の気持ちがあるからこそ効率よく練習が上手く回るんだと思います。試合の時に監督のそばにいるだけで安心感が湧いてきます。たとえその日の試合に出られなくてもチームのために動けば一歩ずつ一人の人間として成長できると思います。この向上高校野球部の部員として入部した時から今に至るまで僕が身に付けた力を最後の大会に向け存分に発揮させてチームを大きく動かせる存在になっていきたいです。

必ず報いる時がくる。自分の信念を曲げずに正しいと思えることを人よりもやり続ければ必ず信用される人になる。人の価値はどれだけの人から信頼を勝ち取れるかだ。まだまだ成長途中。大きな人になれ。

3月30日（月）

「考え方次第」

今日は同じ新3年の髙橋が自分自身を燃え上がらして、遠征に連れて来させていただいた嬉しさ、ありがたさを一番わかりやすく姿で表現していました。彼の言動はすごくチームに必要だと感じました。チームのために…、チームが勝ってほしいから…。そのような姿で日々の生活を送っているマネージャー2人はじめ、木谷、板倉、今日の髙橋、去年の先輩たち、彼らはやっぱり大きな戦力です。

4月26日（日）

「まずは自分以外の所」

今日の試合後のバスの中でのミーティングで監督は、「自分だけ一生懸命やっていても、やりがいはない」とおっしゃっていました。今日は個々にプレーの面での反省が多かったような気がしますが、まずは人としての言動、そこを人よりきっちりとやっていかなければこれからの進歩はきっとありません。やりがいを自然と感じるためには、どうしていけばいいのか、それを考えていくうちに再確認・認識で

きることが出てくると思うので、今日のことを踏まえて明日からやっていきます。

5月4日（月）

「勝負での考え」

4月26日の修徳・駒澤戦の時にも、このノートを書かせていただいたのですが、そこでの監督さんの方からのコメントで気持ちの切り替えができる状況は自分でつくり出し、誰かにしてもらうことではないという話をいただきました。まさにその通りだと思っています。なので自身を前面に出していくために取り組みます。

それに対し、監督の平田はこう返した。

勝負に徹する強さを練習の時から自分で追い込んでいく必要があるんだ。大人が作った環境でやっていても他人に作られたものでは本物にならない。場の空気を一瞬で変えられるようになれ。

決意表明

そんな鈴木も、「最初は1ページ書くのだけでもつらかった」と話す。

「それでも書いていくうちに、監督との距離が縮まっていって、監督の考えが分かってきました。コメントは監督からのメッセージなので、直接言われたことよりもその場で深く考えることができます。この言葉には、どういう期待が込められているのかなって。このノートは僕の心の支えでもあり、決意表明のノートでもあります」

決意表明。それは、夏の大会が近づくにつれて、増えてくる内容だ。

これは、ベンチ入りを目指していた3年生部員・高橋弘企のノートである。

5月8日（金）

「最後のチャンス」

ゴールデンウィークの間、僕はずっとBチームで試合に行かせて頂きました。このゴールデンウィークでの試合は、夏の大会メンバー選考に大きく関わるものでし

た。それにも拘わらず、僕は試合でアピールすることはできませんでした。
僕たち3年生はあと1か月しか全員で野球ができません。ですが、僕はこのままでは悔いが残ります。僕がやるべき事は、前にも書かせて頂きましたが、残り少ない試合や練習のなかで、全てに全力を尽くし、勝負していくことです。〈略〉
話は変わりますが、僕は先日、毛内さんにお会いしました。僕は毛内さんに「メンバーに入れなくても、お前にはするべき仕事がたくさんある」という言葉を頂きました。それは、「向上にメンバー外はいない。一人一人が必要な存在だ」という意味だと僕は思います。だから人数は多い方がいいのだと改めて思いました。135人一人ひとりが向上高校の武器であり、僕たちはそこで勝負していくという事を忘れずに練習していきます。
長い文章を読んで頂き、ありがとうございました。

想いを姿や形にすること。そしてもうこの時期に来たら結果も残したい。悔いは残してしまう者があるからだ。全てを出し切ろう。(ALL OUT)

6月1日（月）

「これから」

3年生にとっては最後の試合が終わり、本日で夏の大会の大枠メンバー発表をむかえました。ですが、僕は最後の大会のメンバーに入ることはできませんでした。色々な気持ちが沸き上がってきて正直なところ泣きたかったです。ですが、それはチームにとってなんのプラスにもなりません。今、入れなかった僕達3年生にできることは、悔しがることではなく、笑顔でメンバーを支えていくことです。メンバーが発表された瞬間は気持ちの整理がつきませんでしたが、家に帰って自分になにができるのか、なにをするべきなのか、ゆっくり考えました。それは、前にも書かせて頂きましたが、チームの士気が下がっている時、その突破口を開くことです。それをバットやボールで開くことはもうできませんが、スタンドからの声、表情、行動などでそれを表現することは出来ます。その中でメンバー達に元気を与えることが僕の役目です。

入学してからさんざん怒られてきて取り組む姿や考え方の事で苦労してきた事だ

と思う。だがそれを乗り越える3年生になってからたくましく大きく成長してきた姿を目にしてきた。これからが本当に自分の力が試される。絶対に気持ちを落とさず、士気を下げずにやってほしい。

高橋は、これまでのノートを振り返りながら、こう語った。

「ノートを通じて監督と会話をするのがすごく楽しかったです。監督は常に僕たちをひとりの男として見てくださっていることをコメントを通じて感じました。野球が下手でも野球が好きであれば、野球を一生懸命やる心があれば家族のように思ってくれる。１３５人の父親みたいな存在でした」

それは、部員全員が感じていることでもあった。

そこまで選手に愛される指揮官・平田監督と出会ったからこそ、『教師になりたい』という夢を抱いた部員も少なくない。そのひとりが、木谷剛だ。

これまでも野球ノートでは、何度か将来の夢について書いてきた。

3月12日（木）

「人を知る」

何度も書かせて頂きますが、僕の将来の夢は高校野球の監督になることです。

このことは仲間たちにも「そんなに高校野球の監督になりたいのか」と言われるほど言っています。〈略〉なので、この数ケ月間で意識していた事は高校、大学、社会人、プロを問わず監督として大きな功績を残し、〝名将〟と言われる方の本を購入し本を通して人を知るという事をしてきました。いろいろな方の本を読みましたが、どの監督よりも圧倒的に経験の幅が違う方がいらっしゃいました。その方は平田監督の母校駒澤大学の太田誠監督です。35年間も駒澤大学の監督を務められ、東都リーグ通算５０１勝という数字は見ただけで圧倒されます。

太田監督の著書「球心いまだ掴めず」からは厳しさの中にも情熱や人を想う心が文章を通じて伝わってきました。

そういった中で１番心に残っている言葉があります。

それは「道に迷ってその道を知る」という言葉です。

この言葉は50年近い野球生活の中で沢山の道に迷い、その道を歩いて来た方だからこその言葉だと思います。

道に迷ってしまったらその場で立ち止まりあきらめてしまう人が大半だと思います。しかし、太田監督は道に迷うことで道を学び活路を見出すというとてつもない探究心を持った方なのではないかと思います。このことから考えると僕たち向上高校硬式野球部も道に迷っている途中なのではないかと思います。夏までの道はまだまだ遠く険しいと思います。

この道を歩いていくためには74人の力と新1年生の力が必要です。〈略〉

俺もこの職業に就いた時に影響を受けた1人であるし、恩師であり尊敬している。このように人として尊敬できる人に出会えたことは運命だと思うし無駄にしてはならないと思う。人に教える立場を志すのであれば、人を大切に出来る人になれ。

そんな木谷は、組織のなかで、企画運営チームのチーム長を務め、ここ数年チームで取り組んでいる、日本一のものから学ぶ『No.1プロジェクト』では、企画運営まですべてを取り仕切り、学びの場をチームにしっかりと提供することを成功させた。

2年前には、日本一の集客力を誇るテーマパーク・ディズニーランドに部員全員で出掛

No.

Date 3.12.木

人を知る　裕

何度も書かせて頂きますが僕の将来の夢は高校野球の監督になることです。このことは仲間たちにも「そんなに高校野球の監督になりたいのか」と言われるほど言っています。しかし、言い放っぱかりではただの夢になってしまいます。なので、この数ヶ月間で意識していた事は、高校、大学、社会人、プロを問わず監督として大きな功績を残し、"名将"と言われる方の本を購入し本を通して人を知るという事をしてきました。いろいろな方の本を読みましたがどの監督よりも圧倒的に経験の幅が違う方がいらっしゃいました。その方は平田監督の母校駒澤大学の太田誠監督です。35年間も駒澤大学の監督を務められ、東都リーグ通算501勝という数字は見ただけで圧倒されます。太田監督の著書「球心いまだ掴めず」からは厳しさの中にも情熱や人を想う心が文章を通じて伝わってきました。そういった中で1番心に残っている言葉があります。それは「道に迷ってその道を知る」という言葉です。この言葉は50年近い野球生活の中で沢山の道に迷いその道を歩いて来た方だからこその言葉だと思います。道に迷ってしまったらその場で立ち止まりあきらめてしまう人が大半だと思います。しかし、太田監督は道に迷うことで道を学び活路を見出すというとてつもない探求心を持った方なのではないかと思います。このことから考えると僕たち向上高校硬式野球部も道に迷っている途中なのではないかと思います。夏までの道はまだまだ遠く険しいと思います。この道を歩いていくには74人の力と新1年生の力が必要です。春までの残り少ない時間で1歩でも多く歩んでいきたいと思います。　話はそれてしまいましたが太田監督についてまだまだ知りたい事が沢山あります。もし、お時間ありましたらお話を聞かせてください。

俺もこの職業に就いた時に影響を受けた1人であるし、恩師であり尊敬している。このように人として尊敬できる人に出会えたことは運命だと思うし無駄にしてはならないと思う。人に教える立場を志すのであれば、人を大切に出来る人になれ。

けて、そこから日本一のチームになるためのヒントを学んだ。

今年は、「全員がリーダーになる」「専門性に特化する」というテーマを冬に掲げていたことから、どちらも学べそうな〝動物園〟を『No.1プロジェクト』の候補地に挙げる部員が最も多かった。そこで日本一の集客力を誇る「上野動物園」への訪問をリーダーの木谷を中心に企画していったのだ。

1月31日（土）

「No.1 Project」

No.1 Projectを明日に控え今日僕のところにポジションノートが回ってきたのは何かの縁ではないかと思っています。

明日を迎えるのは正直不安です。全員が何か持ち帰ってくることができるのか、楽しむことができるのかなど不安が沢山あります。僕の不安とは裏腹に仲間達は楽しみでしょうがない様子です。楽しそうに動物園での予定を話している姿を見ると〝心配する必要はないかな〟と思えてきました。一緒に壁にぶつかり、沢山のことを考え、感じ取ってきた仲間達なので仲間を信じたいと思います。

この企画を進めていく中で、周りの先生や生徒達にこの企画の話をすると笑う人や心無い言葉を掛けてくる人がほとんどでした。とても悔しかったです。
企画の意図も知らないのに馬鹿にされるのは本当に腹が立ちます。そんな人達を見返すためにやる訳ではありませんが胸を張って〝あの日があったからチームが成長できた〟と言える1日にします。

木谷のこの日の記述に、平田監督は赤字でこう書き込んだ。

リーダーは人の上に立つ者ではなく、人の考えもしないことを本気で考え具体的にしていく人だよ。だから、今回の企画を笑う人たちを驚かすことが出来たら、お前は立派なリーダーになる。自分たちの絆で結ばれていたら周りは関係ない。

翌日、2月1日の4冊のポジションノートには、4人の部員がそれぞれの思いを込めて、『No.1プロジェクト』のことを綴っていた。

大塚斗頼
2月1日（日）
「日本一の組織を知り次へ繫げる」

今日は企画運営チームが中心となり進めてきてくれていたNo.1 Ｐｒｏｊｅｃｔがありました。今回のNo.1 Ｐｒｏｊｅｃｔは、冬のテーマでもあった専門性という面から日本一の動物園である「上野動物園」へただ遊びにいくのではなく、僕達が日本一のものとはどういうものなのかなどを楽しみつつも学ぶために行きました。また上野動物園に行くと決まってから高校生が動物園に行った所で何の意味があるの？など様々な声も聞こえてきましたが、決して僕達にとって意味のない事はないと思っていました。しかしそのように思っていた反面、部員全員が何かを持ち帰ってこれるのかと心配も少しありました。ですが、今日一日が終わってみるとその心配はいらなかったと思いました。

僕の班では、テーマとして「日本一の動物園を見て聞いて感じ、日本一の姿、組織を知る」というテーマのもと班で行動をしていました。

最初は飼育員さんはたくさんいると思って行動していましたが、なかなか飼育員

さんに出会う事がなく、質問できるかと不安でしたが、たまたま牛の飼育をしている方に質問することができました。

たくさん質問させていただいたのですが、僕がとても良いなと思ったことをひとつ紹介させていただきます。人とのつながりや深め方はどのようにしているのですか？と質問させていただいた所、動物の飼育はペアやグループで担当をしているそうで、そのペアの人との価値観の違いで動物の表情やしぐさなど自分と同じ感覚でないと、異変に気付けなかったりしてしまうという事でその価値観や感覚を同じにするために交換ノートをしたりしているそうです。

またスポーツを通じてコミュニケーションをとるという事もしているそうです。僕達も価値観や感覚のズレをなくし、スタッフの方達と同じものにするための一つとして、このポジションノートを書かせていただいています。

やはり良い事を僕達はしてきているのだと思うと、同時にやっているのなら、同じにならなくてはおかしいなと思いました。日本一の組織が行っているのなら、日本一を目指す僕達にとって、それは間違っていないと思い、今後さらに力を入れてやっていきたいと思いました。

また今日はたくさんの事を知れて僕達が日本一へ近づくためのたくさんの事を感じる事ができました。

ただこの経験をただ良かったねと終わらすのでは今日一日が無意味になってしまうと思います。この経験をこれからの僕達が日本一になるために繋げていかなくてはいけません。必ず、今日一日の経験を今後の人生にも生かしていきたいと思います。またこの企画を中心となって進めてくれた企画運営チームにも感謝したいと思います。

長文を読んで頂きありがとうございました。

大塚の熱い思いは2ページにわたって綴られていた。平田監督は、こうコメントを残した。

お前がこんな長文を書き、自分で感じた事を具体的に書けたのは初めてではないか？　大きな成長だ。これを野球に結びつけよう。必ず力になる。

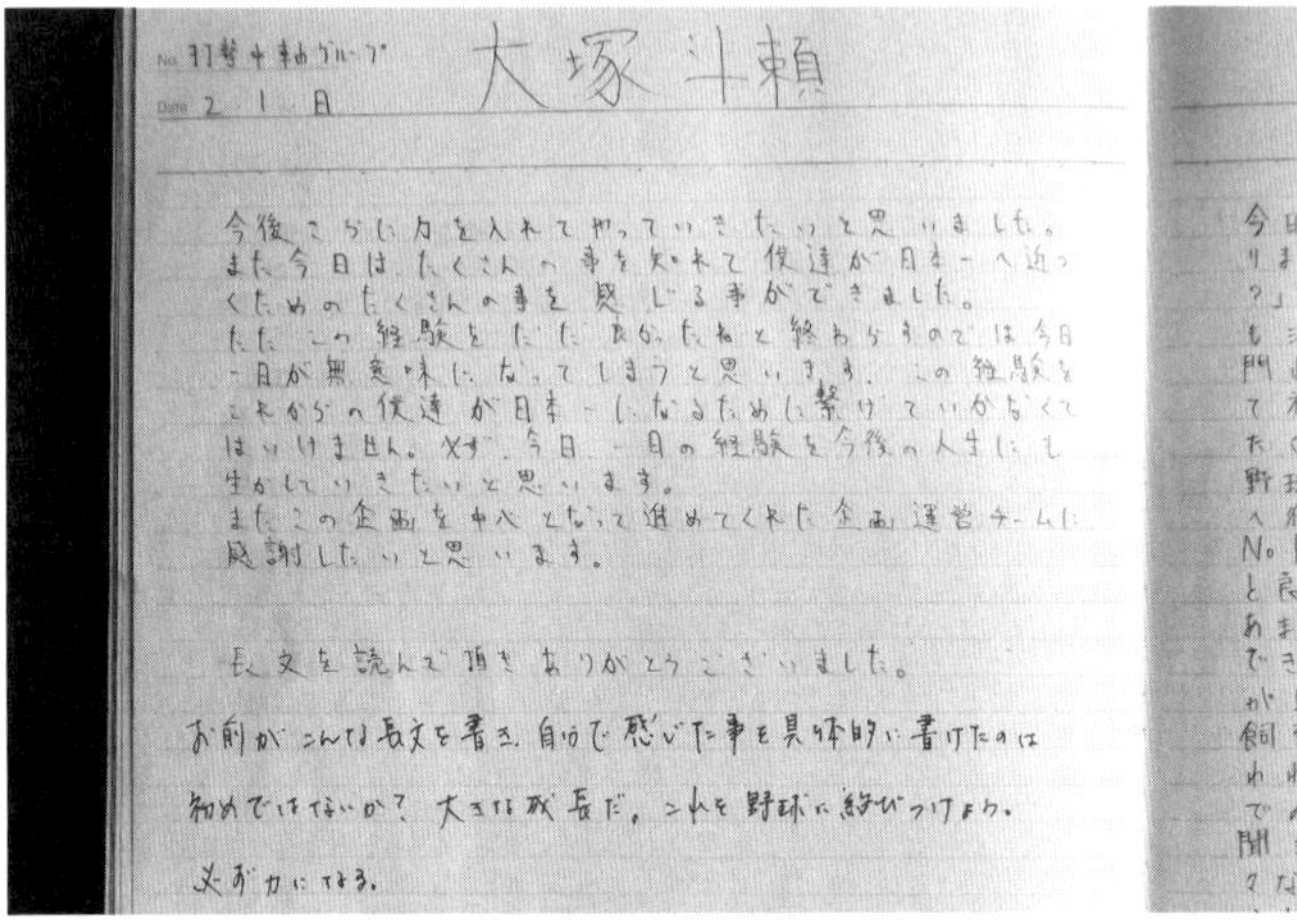

この『No.1プロジェクト』から、多くのことに気付き、学ぶことができた喜びは、大塚以外の部員たちもたっぷりとノートに書き綴っていた。

「プロジェクトが終わって2～3週間はみんなノートにこの日の振り返りを書いてくれて、うれしかったです。みんなの笑顔を見てたらやって良かったって思いました。監督から前に、伝える人間が本気であれば、思いは伝わると言われたことがあって、今回、プロジェクトを終えて、みんな同じ思いを持っていたことが分かりました。共通の意識を持っているというひとつの強さを見つけられた気がしました」（木谷）

文字に始まり、文字に終わる

迎えた今年の夏。昨夏の神奈川大会準優勝校の再現が期待されたが、向上高校は初戦で、この夏で引退を発表した金沢哲男監督擁する横浜商大高校に1対5で敗れた。試合は、尻上がりに調子を上げる相手エースに8回まで完璧に抑え込まれ、0対5で迎えた9回に、意地の1点を返すも反撃はここまで。夏の終わりは早かった。それでも、向上野球を、平田監督から教わった野球の集大成を、最後に出し切ったことに違いはない。

大会の数週間前、平田監督は、今年の3年生部員について、こんな話をしていた。

「選手が本気になってくれるので、年々、向上野球部は力をつけています。3年前に開幕試合初戦で負けたときも、そのときは就任10年目で一番いい代だと思ったし、今年の代の部員たちもいままでで一番いい代だと思っています」

平田監督は、毎年、夏の大会の開会式の日に、全部員の自宅に手紙を送っている。さらに3年生部員の手紙には必ず手書きのメッセージを付け加える。向上高校では毎年、開会式前日まで合宿を行っているため、合宿を終えて家に帰宅すると、平田監督からのサプラ

イズの手紙が届いているというわけだ。

「書くことは大事だと選手に言っている以上、僕も書きますよ。今年も、全員にもう送りました」

そう言ってニンマリと笑った平田監督。そのときの選手たちはまだ、手紙が届くことを知らない。実はほとんどの選手にとって、それは監督からもらう2通目の手紙となる。節目を大事にする平田監督は、「終わり」だけでなく、「始まり」にも手紙を送るのだ。それは向上高校への入学が決まったときに平田監督から届く。まさに、向上高校野球部は、文字の表現から始まって、文字の表現で終わっていく。

3年生たちから平田監督への「ラブレター」のお返しは、毎年、高校野球生活最後となるポジションノートのページに綴られている。入学した頃よりも豊かな表現力と感性で。

そこにある向上高校野球部で育ってきた3年間の感謝の思いは、夏の大会結果に関係なく、平田監督をはじめとした指導陣だけではなく、夢を引き継いだ後輩たちにとっても、3年生からの熱いメッセージとなっていた。

大阪府 四條畷高校野球部

「伝わり続ける一冊の野球ノート」

強豪私学ひしめく大阪で心を強くし立ち向かうためのノート

1冊のノートを部員全員で共有する。1シーズンで個人が書く回数は10回程度だ。それでも、「彼・彼女」らは、言葉によってひとつになっていく。

四條畷高校OB
松本優佑さん
四條畷高校OB
薮田明大さん
四條畷高校OB
樋口雄一さん
四條畷高校OB
宮部梨花さん
四條畷高校監督
辻野茂樹さん
四條畷高校OB
小原詩海さん

大阪府立四條畷高校（おおさかふりつしじょうなわてこうこう） 所在地は大阪府四條畷市。1903年創立。2009年文科省から進学指導特色校指定を受けるなど文武両道を目指す。

一目置かれる府立高校

2015年の夏、全国で3番目に多い180校（1位は愛知県の189校、2位が神奈川県の186校）が頂点を目指し、熱戦を繰り広げている大阪府大会。有力校が揃い、高校野球においてもっとも激戦区であるとされるこの地区は、特に公立校からすると全国でもっとも「夢の甲子園」への門が狭まっている、といえるだろう。

事実、公立高校の甲子園出場はといえば、25年の歳月を遡らなければならない。のちに近鉄バファローズ、中日ドラゴンズなどで活躍することになる中村紀洋がプレーしていた渋谷高校が1990年の夏に大阪府を制し、甲子園に出場した。しかし以降、すべての大会で私立高校が「夢」への切符を手にしてきた。決勝進出校に限ってみても、記念大会として北大阪・南大阪と出場校が2校となった1998年夏の北大阪、桜塚高校が最後だ。

狭き門である大阪府で今夏、大冠（おおかんむり）高校がベスト4にまで駒を進め話題となったが、も

うひとつ注目されていた公立校がある。府立四條畷高校だ。

近畿大会出場をかけた春季大阪大会、四條畷高校は大躍進を遂げる。2回戦から登場すると、寝屋川高校を6対5、河南高校を7対0で制し、4回戦で春夏合計32回の甲子園出場経験を持ち、多くのプロ野球選手を輩出する大体大浪商高校と対戦。打撃戦となったこの試合を12対9で勝利すると、ベスト8をかけた5回戦では春夏合計11回の甲子園出場を誇り、こちらも多くのプロ野球選手を出している近畿大学附属高校を7対5で退けたのだ。

並み居る強豪高校のなかでも伝統、実力を兼ね備えた私立2校に勝利し、大阪府のベスト8まで勝ち上がった四條畷高校は、準決勝進出をかけ上宮太子高校と対戦する。読売ジャイアンツの亀井義行、楽天イーグルスの藤江均らをOBとするこちらもまた、大阪の名門高校である。試合は、前日の近大附属高校戦で170球を投げ完投していたエース・藤井俊介が序盤から上宮太子高校打線に捕まった。初回こそ無失点に抑えるも2回に1点、同点に追いついた直後の3回にも1点を失い、ここでチームの4番を打ち投手としても高い能力を持つ河野翔太にスイッチする。

するとここから試合は一進一退の攻防を見せる。4回表に四條畷高校がふたたび同点に追いつくと、裏に上宮太子高校は再逆転。さらには6回に2点を加点され2対5で終盤を

迎えた。四條畷高校のスタンドには同校の生徒たちがたくさん応援に訪れていた。意地を見せたい——しかし、その思いは空回り、結局8、9回と三者凡退。スコアは動かず、2対5の敗戦でベスト4の夢はついえた。

それでも試合後のミーティングで監督の辻野茂樹が「ベスト8という結果は消えることがない。やってきたことに自信を持ち、それを極める。これからは相手もマークをしてくるので、現状維持ではいけないぞ」と語ったとおり、公立高校の大阪府春のベスト8は決して消えない誇れる結果である。ここまで公立高校を強調するともしかすると四條畷高校野球部の関係者の方はあまり気持ちが良くないかもしれないが、客観的に見ればそのくらいの快挙であった。

この躍進に驚いたのはなにもメディアだけではない。快進撃を果たした3年生たちとともに汗を流したことのある、1、2学年先輩にあたるOBたちも「すごい」と口を揃えた。一年前、キャプテンとしてチームを引っ張り、現在のチームでエース番号を背負う藤井とバッテリーを組んだ樋口雄一は、彼らの努力に目を細める。

「エースの藤井は、僕らがいたころの冬はスピードも100キロくらいしか出てなかったんです。それが一生懸命練習をして、コントロールを磨いて僕らの年の最後の夏も藤井が

先発をするまでになってくれた。結局、敗退してしまったんですけど、その悔しさをバネにまた練習をして、いまでは常時130キロが出るレベルにまでなった。すごいですよね」

樋口のひとつ上の世代、エース藤井らが1年生のときの最上級生だった時代のキャプテンだった松本優佑はこう言う。

「僕にとっては3年生のときの1年生なので、そんなに多く交流をしたわけではないですけど、こんなにすごいチームだったんだと素直にびっくりしました。それにちょっとうらやましかったりもします（笑）」

彼らOBがこの快進撃以外にもうひとつ、口を揃えていうことがある。それは、

「四條畷高校で野球ができてよかった」

ということだ。

四條畷高校は府内有数の進学校としても知られる。野球部OBも関西の有名国立大学や私立大学に進学し、勉強にも励んでいる。部活動は盛んではあるが、その環境は決して恵まれているとはいえない。グラウンドは他の部活と譲り合いながら使うため十分な広さを確保することができない。それは単なる広さの制約だけではなく、週末に試合を行うとき

も、例えば朝はラグビー部が試合し、そのあとにグラウンド整備をしたあと、野球部が試合をする、といった具合に時間の制約をも受ける。また完全下校が18時に決まっている平日はいわずもがなだ。

ただし、一方でその高校の落ち着いた校風が野球部にとって追い風となっているのも事実だ。先の春季大会の快進撃でスタンドに一般の生徒が多く詰め掛けたことや、グラウンドを譲り合う際に、ラグビー部の生徒までが野球部の試合の整備を手伝うなど、互いを尊重する空気は清々しい。「四條畷で野球ができてよかった」と言うのも頷ける。

加えて、野球部員にとって欠かすことのできない「四條畷でよかった」と言える理由に、彼らが続けた「野球ノート」がある。

一冊の野球のノート

松本と同じ代で投手陣のリーダーを務めた薮田明大はこう言う。

「ノートを書くことによって野球だけじゃなくて、普段の生活で失敗したこともメモするという習慣がついて、改善すべき点とかも考えるようになりました。型にはまった人間じ

Nawate
Nawate
SHIJONAWATE
BASEBALL

ゃなくて、自分で考えてやっていくっていう習慣が身に付いたと思います」

またその一学年下で、薮田の背中を見ながら投手として汗を流した小原詩海は野球ノートのおかげで「当たり前のことを当たり前にする」ことができるようになったと言う。

「人の目を見て話すだとか、最初に挨拶を忘れないとか、人として当たり前のことが当たり前のように実践できるようになりました。中学校時代は、なんとなくまじめにすることが恥ずかしい、というような感覚があった。そういう考え方は、高校になり辻野先生のもとで教えてもらい、ノートを書くようになって変わったと思います」

四條畷高校野球部が監督とやり取りする「野球ノート」は一冊しかない。その一冊のノートを決められた順に、入学したばかりの一年生を除いたメンバー全員で書き綴り、つなげていく。全員で作り上げる「伝え続ける日誌」である。監督のその方法についてこう教えてくれた。

「とにかく空白の日を作らないようにつなぎなさい、と伝えています。例えばテスト期間中やお正月の休みなど、順番通りにできない日だったとしても順番を変えてもいいから、家の近いもの同士でつなぐなどして、空白の日を作らないようにしようと言ってますし、どうしても難しい場合はルーズリーフに書いて貼り付けなさい、と。そうやってつないだ

ものを毎日私に提出して、私が昼までにコメントを返す。それをきちんとみんなで読んで練習に入る。うちの場合、たとえ練習中にノートを読んでも問題ない。ノートを読むことも練習だ、と言っています」

一冊のノートを毎年、40〜50人になるメンバーでつないでいくため、ひとり当たりの回数で言えば1カ月に一度くらいのペースだ。1年を通してみてもひとりが書く回数は10回程度にしかならない。しかし、辻野は「それがいい」と話す。

「ほとんどの場合、書く内容が1カ月前に書いたことよりも良くなっていく。そうすると、間違いなく1カ月で技術も伸びているな、という実感があるんです。逆に前よりも内容が乏しくなったり、雑に書いている子は本当に野球の調子も悪い。それは比例しているんです。だからそういう場合は、君が打てないのは、フォームどうこうではなくて、君のいまの精神状態……打てないからそうなのか、そうだから打てないのか、それはきっと両方だと思うんですが……に問題があるんだ、そこから見直そうということがわかる。。実際、それを治せばよくなるんですよね」

書く回数は少なくとも、ある程度の時間を経てノートを見返すことで、1カ月前の自分を俯瞰して見ることができるわけだ。また、同じノートを選手全員が共有していることで、

他のメンバーとの一体感を生むという効果もあった。たくさんいる仲間たちの心の内を知ることができるのだ。

「他の選手がどういうことを考えているか、例えばそれは夏の大会のメンバー発表のときのノートなんかに表れます」

辻野が心を奪われた日誌に2年前の7月、大会直前に書かれた日誌がある。

7月12日（金）　川口剛生

思い返せば、6月15日背番号の発表からもうすぐ1ヵ月。とにかく悔しかった。正直その時は今までの努力が全て無駄のような気がした。でもそれは違った。最近球速を測ってみた。1年のときと比べて20km速くなっていた。これが3年間の努力の結晶。〈略〉来年、今の二年もどうしても3人はメンバーから外れてしまう。そのメンバー外が今年の9人を思い出してくれる見本として行動する。この期間、メンバーが色んなことを体験している中、自分も、メンバーが体験していない、色んなことを学ばしてもらっている。まだまだこの野球部で学べることはたくさんある。もっともっと人間として成長できる。

メンバーにはせっかく代表として選ばれたのだから、最高の笑顔で最高のプレーを見せてほしい。そういったプレーや笑顔がスタンドにいるメンバーには自分のことのように嬉しく感じる。どんなにピンチの場面でも自分の周りには日々、切磋琢磨してきた仲間が一緒に戦っていることを忘れてはいけない。〈略〉

辻野はこの日誌にこうコメントを返した。

すばらしい日誌。これが畷高野球部3年間の成長の証。これからの成長が楽しみ。自信を持って生きて行け。20才になったら皆で飲もう。

このときのキャプテン、松本はこのノートのことをはっきりと覚えている。

「夏の大会前になるとチームが全体的にぴりぴりして、自分達の礎になっているものが見失われる時期っていうのがあって……それが僕らの時期にも来たんですけど、本当は一番悔しいはずの3年生がこうやって書いてくれて。悔しい気持ちを押し殺してチームのため

次に、三年に向けて。25人みんなに個性があって
長所、短所がある。今日、ミーティングで名前が出た
2人にも長所があることを少なくとも残りのメンバーは
知っている。この3年間、様々な所で人間を変える
チャンスがあったけどそのチャンスももうこれで最後
残りの日々でどう自分の殻を破れるか。どう自分を変えれるか
どんだけ他の仲間のために思いをこめれるか。こんな事が
夏の勝利だけでなくこれからの人生にも生きてくるような気がする
もう最後だ。この25人で野球ができるのも。俺は笑って終わりたい
このままじゃ笑えない。絶対後悔する。ここだ。ここで25人の仲間と
思う気持ちの全てを込めろ！自分だけじゃない。周りの仲間の
先生がどんな日でも練習に来てくれたり、ノックを打ってくれたり、親が
応援してくれてここまで野球が出来た"感謝"を言葉じゃない"プレー"で"態度"で表現しよう！この2日間
66期なら最高の形で大会に向かえるはずだ。

二、一年に言うことは、もっと自分の殻を破れ！まだまだ
自分を出せている選手が少ない。もっと"野球バカ"になれ。
これが出来ないものに技術の向上はない。もちろんベンチ入りしたいけど
逆に夏、新チームが始まってから一番がむしゃらに野球に取り組めた
者が秋のベンチ入りを手にできると思う。この瞬間
野球部だ。

一つ残念なことがあるとすればベンチに入ってメンバーの20人と夏に
一番近い所で、声援を送ってあげられないこと。夏のグラウンドも
20人だけに背負わせてしまって本当に申し訳ないけど それをパワーに変えて
ほしい。秋の大会の敗戦から自分はどうやったらチームに貢献できるか
なれるかを考えてきた。ベンチには入れなかったけどまだ何かできると思う
スタンドというちょっと高い場所だけど、背番号21のメンバーとして
一緒に戦おう。メンバーが大阪No.1を目指しているなら

Date

7月12日（金） 7/10 剛生

今日のメニュー
アップ→キャッチボール→トス→3か所バッティング→自主練
→紅白戦

思い返せば、6月15日背番号の発表からもうすぐ1カ月。
とにかく悔しかった。正直その時は今までの努力が全て無駄のような気がした。でもそれは違った。最近球速を測ってみた。1年のときとくらべて20km速くなっていた。これが3年間の努力の結晶。霞ヶ浦高校との最後の練習試合でのタイムリーあれも努力の結晶。今の自分、野球選手として人間として成長した部分が各所に表れた。本当に思う、努力はうそはつかない。霞ヶ浦高戦、メンバーに入った20人として、メンバー外の三年、一年に"野球ができる楽しみ"を伝えるためにグラウンドに上がった。みんなの真ん中で、ピッチングから来る喜びをあの2イニングに全て表現した。そこからメンバーがメンバー外の一年、二年が何か感じとってくれたらなら良かったと思う。来年、今の二年もどうしても3人はメンバーから外れてしまう。そのメンバー外が今年の9人を思い出してくれる見本として行動する。この期間、メンバーが色んなことを体験している中、自分も、メンバーが体験していない色んなことを学ばしてもらっている。まだまだこの野球部で学べることはたくさんある。もっともっと人間として成長できる。

メンバーにはせっかく代表として選ばれたのだから、最高の笑顔で最高のプレーを見せてほしい。そういったプレーや笑顔がスタンドにいるメンバーには自分のことのように嬉しく感じる。どんなにピンチの場面でも自分の周りには日々、切磋琢磨してきた仲間が一緒に戦っていることを忘れてはいけない。

俺たちは"大阪No.1"の応援をする。これが仲間だと思うから。メンバーの3年16人にメンバー外の3年から1つお願いがある。"もっとお前らと野球がしたい"
夏の大会、主役は俺達だ。威風堂々と自信をもってグラウンドを履カラーに染めてやる!

・すばらしい日誌。これが履高野球部3年間の成長の証。これからの成長が楽しみ。自信を持って生きて行け。20才になったら皆で飲もう。

・昨日もサヨナラゲームがあった。本当に野球は9回最後までわからない。絶対にあきらめない野球、それ人生を歩め。

7月13日(土)　渡辺建

今日のメニュー
アップ→キャッチボール→トス→バント(20人スクイズ成功)
→内野ノック(ランナー有)→カットプレー(ランナー有)
→フライ→1ヶ所バッティング→3ヶ所バッティング→ダウン

最近の1ヶ月ほどの日誌を読めていなかった部分があったので、全て読んだ。メンバーを外れた3年生9人の日誌が特に印象に残っている。1人1人いろんな思いがあるのがよく伝わってきた。メンバーを外れて悔しかったことや、それでも前向きになれたことなど、たくさんの言葉を見て、履はやっぱり良いチームやなと思えた。メンバー外全員がメンバーのために全力でサポートしている。各個人、特に3年生はいろんな思いがありながらチームのためにがんばっている。今、チームの

に動いてくれたり、外からみて意見してくれたりする。もちろん、この日誌に限ったことではないんですけど、こういうメンバーがいてくれたことはすごくありがたかったです」

この年、チームは快進撃をみせる。それまで辻野が就任して以来、夏にひとつも勝てなかったチームがあれよあれよと勝ち上がり、ベスト16にまで上り詰めた。ベスト8をかけた試合では、甲子園出場経験もある強豪、東海大仰星高校に8回まで4対4の接戦を繰り広げた。9回表に4点を入れられたものの、裏に2点を返し、あわや大金星という好ゲームを演出したのだ。

辻野はこの躍進に欠かせなかったであろうベンチ外の選手のノートを振り返って言う。

「あれは、メンバーを発表したあとに外れた3年生が書いた日誌なんですが、大会直前でチームが沈んだときに、みんなの前で読んだんです。そうしたら、みんな涙を流して練習に入りました。そしてチームの雰囲気が一気に変わった。日誌をつけていると、こういうことがこの一昨年だけでなく、去年もあるんです」

チームで一冊のノートを共有するからこそ生まれてくる一体感。メンバーであろうとなかろうと「四條畷で野球ができてよかった」と言えるチームはこうしてノートを書き、読みながら作り上げられていったのだ。

マネージャーの言葉

また、この一冊のノートには、選手だけではなく女性マネージャーの順番もあり、同じように思いを綴る。それも他のチームとはまったく違った形で、だ。昨年までチームでマネージャーを務めた宮部梨花が書いた日誌はこうだ。

12月5日（木）　宮部梨花

下飼手を通して。全員がベンチに入れてもらうことができて、公式戦に似た雰囲気や緊張がよくわかったと思う。全員が悔しいと思って冬練を迎えられるのも1つの成長かもしれない。畷のカラーがしっかり出せなかったのが敗因の1つ。1人1人が思い切っていつも通りプレーするのもそうだが、大事なのはベンチからの後押し。〈略〉

ピッチャーについて。走りこみが少ないと言われていたが、それがよくあらわれてるのが、フォアボールの多さや限界が来るはやさ、2アウトからの弱さ。この大会での藤井の四球11、100球が限界、八木四球11、120球限界。蒲田さんの夏

12月5日(木)　宮部 梨花

テスト期間のため全体練習なし

下関戦を通して。全員がベンチに入れてもらうことができて、公式戦に似た雰囲気や緊張がよくわかったと思う。全員が悔しいと思って冬練を迎えられるのも1つの成長かもしれない。
[illegible]のカラーがしっかり出せなかったのが敗因の1つ。1人1人が思い切っていつも通りプレーするのもそうだが、大事なのはベンチからの後押し。全員がベンチ入ってまあまあ盛り上がったとは思うがまだまだ。大人数いるのに中には黙っていた人もいたかもしれない。何よりあの人数がいてベンチワークがあんまりだというふうに感じた。その中で、北村は常にバット引きなどして常にバッターボックスに1番近い場所にいたと思う。延廣は常に先生の隣にいてサインもしっかり見たり、考えて外野に指示したり、伝令も行っていた。村田さんや長井さんもそうだった。試合に出ていないときは常に先生の近くにいた。そういう人は、本当に試合に出たいと思う気持ちが強いように見える。どうにかしてアピールしたいように見える。そういう人が増えてほしい。奥の方で、ただ大人数にうもれてるんじゃなくて、もっと前に出てきたらいいのに…

ピッチャーについて。走りこみが少ないと言われていたが、それがよくあらわれてるのが、フォアボールの多さや限界が来るはやさ、2アウトからの弱さ。この大会での藤井の四球11　100球が限界、(木)四球11　120球限界
蒲田さんの夏の大会の四球は5だった。あの大舞台で堂々と投げれる体力、心を鍛えてほしい。私立に対しても、よく踏んばってくれたと思うけど、ここから。

走ることに関しては、野手ももっと走って、盗塁がどんどん決まるチームになっていこう。この冬本当にしっかりトレーニングした者が、春、夏に必ず活躍できる。
テストが終われば本格的に冬練。全員で皆勤。

の大会の四球は5だった。あの大舞台で堂々と投げれる体力、心を鍛えてほしい。
私立に対しても、よく踏ん張ってくれたと思うけど、ここから。

走ることに関しては、野手ももっと走って、盗塁がどんどん決まるチームになっていこう。この冬本当にしっかりトレーニングした者が、春夏に必ず活躍できる。
テストが終われば本格的に冬練。全員で皆勤。

いわゆる、野球部の女子マネージャーを想像すれば、その姿とは遠くかけ離れた、野球に深く切り込んだ言葉がある。この日誌に対する、監督辻野のコメントはなんと2ページにわたった。

暇は短時間集中で他校に自慢できる練習をやっている。〈略〉
今、2年生は宮部に甘えていないだろうか。これだけチームを苦しい時から支えて、ここまでマネジメントしてきたのだから、キャプテンの上に立つくらいの存在としてマネージャーをやるべき。それは、チームを支えるというのではなく、

チームを創る。強くするために上から引張る。そんな存在であるべき。そこが昨年のチームと状況が違うところ。実際、樋口を含め、今の2年は66期と比べて甘い。だから先生ではなく、自分達の中に厳しい人間が必要なのである。何も宮部1人に押しつけているのではない。部員同志が厳しくならなければいけないのは、当たり前である。何故、こんな事を書いたのか。宮部にはもっと飛躍してもらって、畷のマネージャーはすごいと近隣の学校に評判になってほしいのと、冬の合練、春の練習試合、選手だけでなくマネージャーにも畷とやって良かった、と思ってほしいから。最近他校にもうちの他部にもお茶くみマネージャーが多すぎる。又、投手陣のランニングの少なさ、こんな所にも、甘えが表れているという事は、他にも同様の事があるはず。表面化されていないだけ。そんな部分を指摘して上から引張りチームを創る。宮部なら指摘できる。〈略〉

マネージャーは「チームを支える」ではなく「チームを創る」。そう書いた辻野は、その心をこう説明してくれた。

「僕は、マネージャーも部員だという意識を持っています。入ったときに最初に全員に必

やって良かった。と思ってほしいから。 最近 他校にも うちの他部
にも お楽しみマネージャーが多すぎる。
又、投手陣のランニングの少なさ。こんな所にも 甘えが表われている
と言う事は 他にも同様の事があるはず。表面化されていないだけ
そんな部分を指摘して上から引張りチームを創る。 幹部なら指摘できる

何回も言ってきたが このチームは まだまだ強くなれる。でも
来夏 勝ち残れるかどうかは わからない。勝ち残れるのは
絶対に"お互いに厳しいチーム" 今のチームは"お互いに甘いチーム"
"お互いに何も言わないチーム"と言う事。

12月6日(金) 八木一仁
テスト期間のため練習なし。

下飼手が終わって振り返ってみれば、投手陣の終盤の弱さ、
野手陣のチャンスでの初球、1回の攻撃が弱いのがわかった。公式
戦は継投やって、あんまり出てなかったけれど、ここに来て出だした。
練習試合のときは9回投げきれてたけど、準公式戦になると
緊張とかで何かと体力の消費が早かった気がする。急に球が
浮き出したし、調節が出来なかった。あそこで9回投げきれていたら
勝ててた試合。単なる体力不足。ほんまにみんなに申し訳ない。
やっぱり私立と試合することによって、みんなパワーアップしてた。準公式戦
はめっちゃヒット多かったし、守れてた。でも、城工とか太成の変速投手に
めっちゃ弱い。そこも課題点。オーソドックスなタイプの投手は打ててるけど
アンダースローとかテイクバックのとり方がおかしい投手に弱い。こういうことを
克服しないと、公立に負ける。三カ所でもっと色んな野手が投げたらいいと
思う。みんな投げ方ばらばらやから色んなタイミングで打ててる。守備は
ゲッツーもあったし外野の好守もあったかなりいい感じに
仕上がってると思う。正直去年より安心できる。特にセンター

No.

Date

明桜は短時間集中で他校に自慢できる練習をやっている
でも短いからいいと思っている者はいないはず。量をこなさないと野球は苦しい。その種目もそうだがトレーニング。これについては絶対に量も必要。それをどこで補うのか。それはテスト期間とoffの日である。
休みの日の自分のノルマにあったトレーニング等を入れられるか。これをしない者は、そこでストップ。またテスト後に再スタートをきらなければいけなくなる。金本の本を見て「手帳に、ベンチプレスの日、スクワットの日……」と書かれているのが、自分達にどう生かせるか。この期間、手帳、日誌に、数字や記号が記入されている事を期待したい。

昨年の今頃は秋の悔しさと仙星に大差という結果の両方が支えになり、又草山・蒲田・平井・松本らが投打の柱になってやるという強い意気込み、そして自分達のチームは夏0勝のチームでは絶対にないという強い気持で練習していた。冬練が成功したから夏があった。さらにマネージャーが辞めた事も何か奮起のきっかけになっていった。自分らでやるしかないと。

今2年生は宮部に甘えていないだろうか。これだけチームを苦しい時から支えてここまでマネジメントしてきたのだから。

キャプテンの上に立つくらいの存在としてマネージャーをやるべき。

それは、チームを支えるというのではなく、チームを創る、強くするために上から引張る。そんな存在であるべき。そこが昨年のチームと状況が違うところ。実際、樋口を含め今の2年生66期と比べて甘い。だから先生ではなく自分達の中に厳しい人間が必要なのである。何も宮部1人に押しつけているのではない。部員同志が厳しくならなければいけないのだ。何故こんな事を書いたのか。宮部にはもっと飛躍してもらって明桜のマネージャーはすごいと近隣の学校に評判になってほしいのと冬の合練、春の練習試合、選手だけでなくマネージャーにも明桜と

ず言うのは、部長さんがいて監督がいて、キャプテンがいて、それと並列にマネージャーがいる、ということ。だからそれ相応のことをしなければいけないし、いわゆるマネージャーにはなるな、と。実際僕は、キャプテンと並列の扱いをして指導するから、怒ることだってある。泣いてしまうこともありますが、マネージャーだって部員です。だから、当然マネージャーも選手と同じようにノートを書きなさいと言います。マネージャーは、僕らには分からない部分を見ていて、それを日誌に書いてくれたりするんですよ」

マネージャーは、入学したばかりの1年生のノートも添削をする。4月に入部して

きた1年生は、新チームになるまで2、3年生のノートとは別の1年生だけのノートを回して書き、それをマネージャーに提出する。マネージャーはそこに、辻野が選手たちにやるように、コメントを返していくのだ。それは1年生に四條畷高校の野球ノートの在り方を、過去のチームのノートを見せて、教えていくためでもある。

いまでも大学で野球部のマネージャーをする宮部は言う。

「部員のみんなといっしょのノートに入れてもらって、いっしょに読んだりとか、先生にコメントもらったりすることができてうれしかったです」

同い年のキャプテン樋口は、マネージャーの宮部に背番号21を作り、渡した。

「辻野先生が、（ベンチ入りメンバー20番までの次の）21番目の背番号はマネージャーだっておっしゃっていて、それならって言うことで渡しました」

2015年、夏。春、府大会ベスト8の実績を引っさげて出場した四條畷高校は、1回戦、2回戦を順当に勝ち進んだものの3回戦の三島高校戦で延長10回、0対2で惜敗し、甲子園の夢は断たれた。

夏の大会中、監督、マネージャーと続いて座るベンチの横には、一年間、チームで共有

し続けた「野球ノート」が置かれていた。

「選手が必ずそこに置いて行くんです。試合中に見ることはないですけれど、ひとつのお守りですよね。ノートは自分たちの一年間の重みですから」

そう辻野は言った。四條畷高校野球部員にとってみれば「このノートで強くなった」ということの証明でもあった。

他の高校がそうであるように、四條畷高校もまた新チームが始まる。公立高校にとって高い壁、大阪の甲子園。近いようで遠い、夢の聖地へ。新しい一冊のノートがまた、チームをひとつにしていく。きっと彼らもまた、ノートで強くなるだろう。

忘れてはならないことがある。強くなれるのはずっと続いているノートがあるからだ、ということだ。辻野が就任し、勝てなかった時代から、公立校として一目置かれる立場になるまで5年。ずっと一冊のノートをチームごとにつなぎ続けた。一年ごとにノートが新調されたとしても、そのイズムはつながり伝えられ続けている。そういえば、マネージャーの宮部は最後の大会に負けたときに後輩のマネージャーにこう伝えたという。

「最後まで続けたら絶対いいことあるから。これからもチームを頼んだよ」

続けていれば絶対にいいことはある。それは、四條畷高校ナインが一番よく知っている。

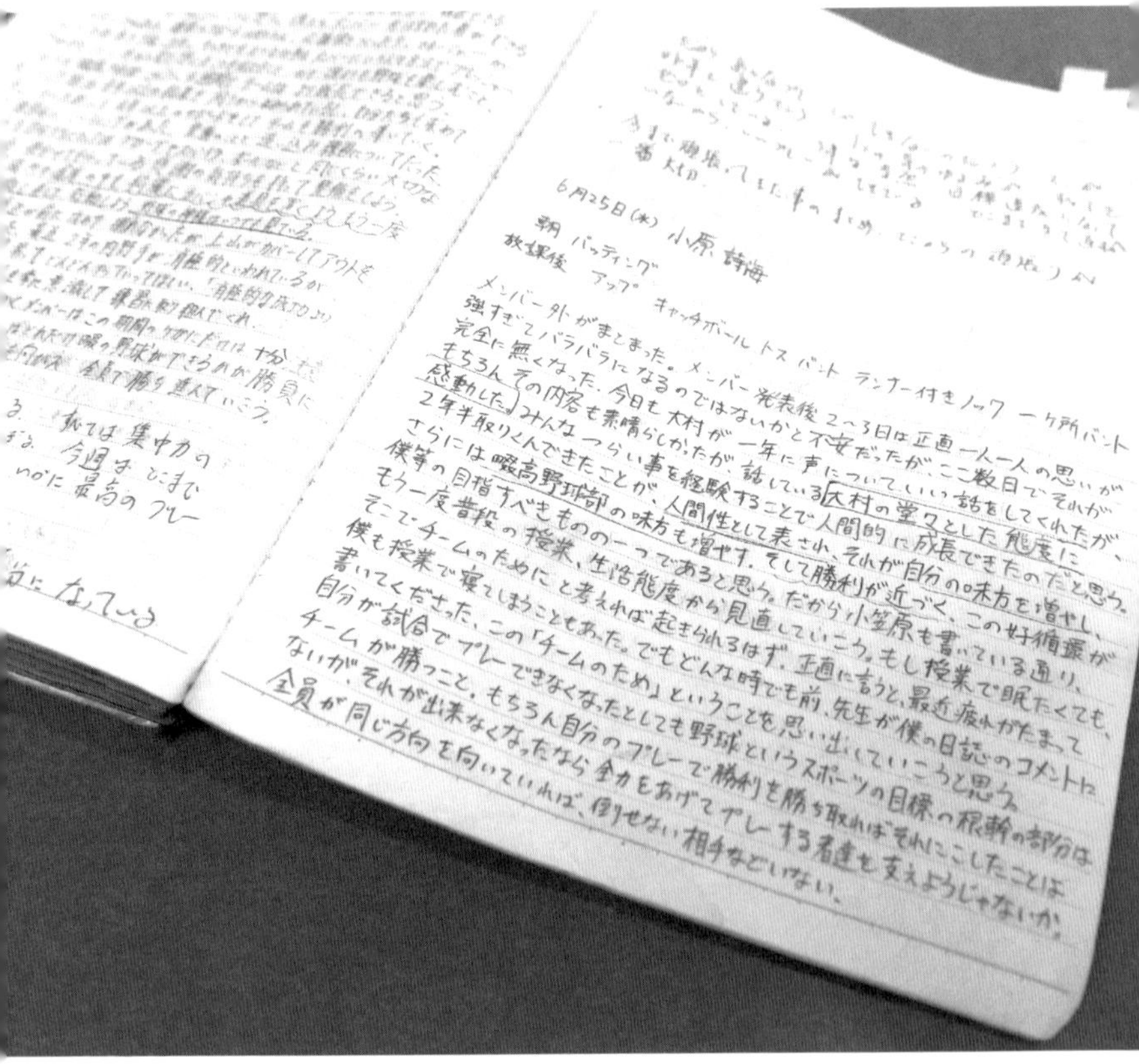
6月25日(木) 小原 詩海
朝 バッティング
放課後 アップ キャッチボール トス バント ランナー付きノック 一ケ所バント
メンバー外がまとまった。メンバー発表後2〜3日は正直一人一人の思いが
強すぎてバラバラになるのではないかと不安だったが、ここ数日でそれが
完全に無くなった。今日も大村が一年に声についていい話をしてくれたが、
もちろんその内容も素晴らしかったが、話している大村の堂々とした態度に
感動した。みんなつらい事を経験することで人間的に成長できたのだと思う。
2年半取りくんできたことが、人間性として表され、それが自分の味方を増やし、
さらには暇高野球部の味方も増やす。そして勝利が近づく。この好循環が
僕等の目指すべきものの一つであると思う。だから小笠原も書いている通り、
もう一度普段の授業、生活態度から見直していこう。もし授業で眠たくても、
そこでチームのためにと考えれば起きられるはず。正直に言うと最近疲れがたまって
僕も授業で寝てしまうこともあった。でもどんな時でも前、先生が僕の日誌のコメントに
書いてくださった、この「チームのため」ということを思い出していこうと思う。
自分が試合でプレーできなくなったとしても野球というスポーツの目標の根幹の部分は
チームが勝つこと。もちろん自分のプレーで勝利を勝ち取れればそれにこしたことは
ないが、それが出来なくなったなら全力をあげてプレーする者達を支えようじゃないか。
全員が同じ方向を向いていれば、倒せない相手などいない。

静岡県 静岡高校野球部

「心の火を灯し続ける日誌」

選手たちの心の火を適正に燃やし続ける――

春の甲子園ベスト8、東海大会優勝……
県内随一の実力を誇る静岡高校。
その強さの裏にあった野球ノートの利用法とは。

静岡高校監督
栗林俊輔さん

静岡高校3年生・主将
安本竜二選手

静岡高校3年生
高橋陸選手

静岡高校3年生
阿井孝汰選手

静岡県立静岡高校（しずおかけんりつしずおかこうこう） 所在地は静岡県静岡市。1896年に創部された伝統校。春夏合わせて甲子園に39回出場。優勝1回、準優勝2回。

監督の微笑

5回表ノーアウト満塁、1ストライクからの2球目。バッターは高めに来た球をバントの構えをし、見逃す。ボール。

この瞬間、ベンチにいた監督、栗林俊輔は決して周りに悟られることがないよう、ほくそ笑んだ。

「お前ら、そんなことができるようになったんか……」

2015年、選抜高校野球甲子園大会。

準々決勝の第二試合は、雨の予報にも関わらず、この日最多の2万3000人の観衆が詰め掛けた。投打に評判の高いプロ注目の右腕、平沼翔太投手擁する敦賀気比高校と強力打線が売りの静岡高校——そう評された一戦だった。

試合は、雨がぱらつき始めたなかで始まった。初回、敦賀気比高校はエースで4番の平沼がツーランホームランを放ち2点を先制。さらに2回にも加点し、3対0とリードを広げる。対する静岡高校は平沼の前に、凡打の山を築く。自慢の打線は4回までわずか1安打と苦しめられていた。

しかし迎えた5回。先頭のキャプテン安本竜二がレフト前へ強烈なヒットを放つと、続く6番・平野英丸がフォアボール、7番・廣瀬舜の送りバントが内野安打となりノーアウト満塁のチャンスを掴む。バッターは、3回からリリーフとしてマウンドに上がっていた村松遼太朗。

試合前、栗林は「敦賀気比さんのほうが1枚も2枚も上手。雨のどさくさにまぎれて勝ってやろう」と考えていた。だからこそ、ここはなにが何でも1点が欲しい。ただ村松は公式戦ノーヒット。考えた策は――スクイズだった。初球がストライクとなった2球目、栗林はスクイズのサインを送る。

雨が強くなるなかで投じられた平沼の2球目。バッターの村松はバントの構えをするもバットを引き、ボール。三塁ランナーの安本はややスタートを切る姿勢を見せたものの本塁に突入しない。敦賀気比高校のキャッチャーは三塁ランナーをけん制し、投手平沼はダ

ッシュをみせた。このとき、テレビの解説はこう話している。

「少し揺さぶってきましたね」

バッテリーを動かしたのだから一見するとそのとおりだ。しかし、真実はちょっと違った。そう、この2球目、村松はスクイズのサインを見逃しており、そして三塁ランナーの安本はそれを察知し、本塁への突入を自重していたのだ。

「村松がスクイズをせず、安本が三塁へもどったとき、それはもううれしかったですね。お前らそんなことができるようになったのか、ってね」

栗林の理想の野球、それは選手の自主、自立ができたチーム。極端に言えば、最後の夏の大会には監督がいなくても全部自分たちでやっていけるようなチームだ。

「僕はベンチにいてなにもしない。選手たちがひとり立ちして、自分らで考えながら選択するプレー、作戦を見ながら、へえーっ、なるほどそうくるかあ、と思うシーンをたくさん見る。そんなチームにできたらいいなあ、と思うんですよね」

2球目のこのプレーは、その可能性が垣間見られた瞬間だった。バッターがスクイズのサインを見逃していると感じ、あえて走らなかったキャプテンの安本はこのシーンをこう振り返る。

「村松の性格は分かっていたので……ちょっと抜けているところがあるというか……それで村松の様子を見てもしかしたらサインに気付いていないかもしれない、と思ってスタートを遅らせたんです。リードを小さめにして見逃されても、スクイズしても対応できるようにスタートを切って、バントをする様子がなかったので止まり気味に走りました」

これで万が一、村松がバントをしていたら安本の大チョンボ。それでも安本は自分の頭で考え、まさに監督が理想とする「自立」したプレーをみせたわけだ。実際このプレーはその後に生きた。村松が浅いセンターフライに倒れたのちに、9番・三瓶慎也が2ストライクに追い込まれながらスクイズを決めて安本が生還。さらに1番・鈴木将平がセンターへのツーベースヒットを放ち、この回同点に追い付いたのだ。

結局試合は3対3のまま9回を迎え、サヨナラ負けを喫することになるが、前年夏の覇者・大阪桐蔭高校に11対0など、この後も勝ち進み、優勝を果たした敦賀気比高校に対して好勝負を演じた。その裏にこのプレーがあったことは間違いない。安本は言う。

「中学校のときから、プレーについては任されているところもありましたが、こうやって自分で考えて判断するということは静高に入ってからできるようになったものです」

静岡高校は強力打線が売りのチーム。戦前の予想にあったそれは間違いではない。20

14年の昨夏の甲子園では初戦で敗退したものの1、2年生でレギュラーが6人。特に3番打者を除く上位打線は彼らが占め、そのメンバーがこの大会に残っていたのであるからそれも当然である。しかし、彼らの強さの理由はそれだけではない。静岡高校のもうひとつの強さの理由、それは栗林監督を中心に「統一されたチームのベース」があり、その上に選手個々がオリジナルの色を足していくという、チームとしての姿勢である。春の甲子園、準々決勝という大事な場面で出た安本のプレーは、まさにそのオリジナルの部分であったといえよう。

心の火を適正に保つ

監督の作り上げたベースをもとに、選手個々が色を添える——高校野球監督であれば、誰もが憧れるようなチームが静岡高校にある。そして、なにより重要になるそのベースを作るために、栗林監督はつねに選手たちの〝心身〟が適正な状態にあるよう努める。

〝心身〟の身——体は、選手たちがケガをしないよう、疲労を把握すること。副部長として、栗林の右腕として、チームを見守る大石卓哉はこう語る。

「人数が多くないということもあって、栗林監督は体へのケアはとても気を使っていらっしゃると思います。例えば野球ノートには疲労度を5段階で評価する箇所があります。まあ、それをどれだけ本気で書いているかはわからないと言うか、なかなか疲労度5です！　とは言えないでしょうけど（笑）、それでもそういうことを書かせるのは体への意識を持って欲しいという現れだと思います。トレーナーさんに来て体を診てもらっていることもそうですし、体に関する環境はとても整っている。僕が来てから2年経ちますが、こと投手に関して言えば肘が痛いとか、肩が痛いということはほとんどない。それは監督が赴任されてからもずっとそうだと聞いています」

そして〝心身〟の心――メンタルな部分では、適正なときに適切な言葉をかけることができるようつねに意識をする。これは栗林が「好きだ」と言う、かつての教育者の言葉に表れる。

「凡庸な教師はただしゃべる。
良い教師は説明する。
優れた教師は自らやってみせる。
しかし偉大な教師は心に火をつける。」

19世紀に活躍したといわれるウィリアム・アーサー・ワードの言葉だ。栗林は言う。

「まさにそのとおりだな、と思いますね。選手がとにかく前向きな気持ちで魂を燃やして、目標を持って進む状況を作ってあげる。これが僕の役目だと思っています。だから、そうなるようにどうすればいいのか、といつも考えていますね」

心の火を灯すために、栗林はさまざまな試みをしている。そのなかで重要な役割を果たしているものが「野球ノート」だ。

「ノートに関しては、子どもたちの心が適正な状態にあるようコントロールすることに直結するものだと思いますね。ノートのような、指導者と直接やり取りするものがあることで、選手たちは心に火がつくんだと思います。だから、ちょっとかっこつけた言い方になってしまうかもしれませんが、心に火を灯し続けることが重要で、消えそうになれば火をおこしてやり、ボーボーと燃えすぎていたら落ち着かせる。そうして適正な火がつき続ける状態ができればいいな、と。極端に言えば、正しく火が燃えていれば、自分たちで正しくやりますよね」

そう栗林は言う。正しく火が燃えれば、理想とする「自立」した野球がかなうわけだ。だからこそ、適正な状態に選手たちを保つことが重要なのである。

　静岡高校の取り組む「野球ノート」には定型がある。その内容は、「日付」から始まり「チーム目標」、1〜5段階を記入する「今月の個人目標と達成度」「今週の個人目標と達成度」そして「本日の自己チェック」と点数、「明日の課題」、さらに今週の目標などを書く「スイング数」「目標体重と本日の体重」、最後にA〜Eでランク付けする「本日の体調・疲労度」となっている。これを毎日書き、個人用のバインダーに挟んで提出する。書かれたノートは、栗林監督、大石副部長が1週間交代で2年生か3年生のどちらかを読むようにし、コメントを書いて返す。

「このなかで重要なのは自己チェックのところですね。文章にする部分なので。内容はもちろんですけど、例えば字を見ます。選手によって字の上手、下手はあるんですけど、いつもどおりの字を書いているか、ということを見ます。上手、下手なりにいつもと同じ字なのか、ちょっと違うのか。やっぱり気持ちがマイナスに向かっているときというのは、字も荒んでいます。だから、妙に丁寧に書いてなくてもいつもどおり書いてあれば、いつもどおりの状態なんだなと思うし、そうでなければかける言葉を探さなければいけない」

「字」がいつもどおりであれば「適正な火」がついている状態で問題はない。しかし、そ

平成　　年　　月　　日（　　）

チーム目標					
今月の個人目標と達成度					
	5	4	3	2	1
今週の個人目標と達成度					
	5	4	3	2	1
本日の自己チェック	点				
明日の課題					
スイング数	今週目標	本	本日	本	
	今週TOTAL	本			
目標体重と本日の体重	最終目標	kg	今月目標	kg	
	本日	kg			
本日の体調・疲労度	A	B	C	D	E

〈備考〉

うでなければ「火を少し鎮めるべきか、燃やしてあげるべきか」を考え、かける言葉を探すわけだ。このように栗林は野球ノートを使って、選手の心の状態を探ろうとする。

ノートにあった選手たちの悩みや言葉をミーティングに生かすこともある。

「いつも小さなメモ用紙を持っていて、ノートに書いてあることに対して思いついたことを書き留めるようにしています。それをミーティングで話す。選手がこういうこと考えているから、こういうことを言っておかなきゃいけないなというようなことですよね。それは、選手個々に書いたコメントを抜き出すこともあるし、いま言っておいてあげたほうがいいなっていうことを書く場合もある。でもずっとやっていると大事なことは繰り返し言うようになりますけどね、結局は」

野球ノートを見ながら、言葉を書き留めることで選手たちが「いま」欲している言葉を探すのである。またこれはチーム全体に、問題意識やいま伝えたいことを共有することにも役立つ。指導者とやり取りする野球ノートの性格上、ひとりの選手対指導者、という閉ざされた関係に陥りやすいが、メモした内容をミーティングで話すことで、全体に伝えることができる。すべては、心に適正な火を灯し続けるため。ひいては、チームのベースを作るために。

「心技体ってよく言いますよね。順番はどうでもいいのかもしれないけれど、やっぱり言葉のとおり一番は心が大事だと思うんですよね。考え方をしっかり教えてあげるというか、なにをすればいいか、その考え方を伝えてあげればいまの子って素直ですよ。僕らが選手だった頃のほうがよっぽど素直じゃなかった（笑）。まあ、その分、僕らは自分たちで考えましたけど。でもいまの子たちのそういうところは否定すべきことじゃなくて、認めてあげたうえで指導すればいいんじゃないかなと思います」

「火」のつけ方

静岡高校野球部は伝統、実力を兼ね備えた名門チームでもある。それゆえそのユニフォームに憧れ、野球部の門を叩く選手も多く、レベルの高い選手が集結する。これは、静岡県が採用する「裁量枠」という、各校の基準で学業や体育活動などの各分野で優秀な生徒を一定の割合で選抜することができる制度も寄与する。静岡高校の場合、これが野球部に適用されるのだ。

一方で、静岡高校は県内屈指の進学校としても名高い。受験で入学したいわゆる「一般

枠」の生徒も野球部に入ってくる。例えば、今年のチームでいうと3年生は17人。裁量枠の10人と一般枠の7人で構成されている。

そういった事情もあり、年によってはさまざまなレベルの選手が集うことになる。正直に言えば、レギュラーはおろかベンチ入りすら難しいだろう、という選手が出てくることもあるわけだ。

「僕はそういうことで遠慮はしませんから、実力が届かないのに3年生だからとか、頑張っているから、というような理由で、レギュラーはもちろんベンチ入りメンバーを決めたりしません。もちろん心情的には長く一緒にやっている選手を入れたいですよ」

実際、栗林が一番憂鬱な季節が、6月の末――背番号の発表の日だ。このときばかりは本当につらい、とこぼす。

「いやあ、いろいろなことを知っていますからね。どうしてもベンチにすら入れない3年生が出てくることがある。それはつらいですよ……でも、だからといって実力以外で評価はしない。温情はかけないようにします」

ただし、その温情をかけない姿勢というのは、ともすればチームのなかで「火が灯らない」選手が出てくる危険性をはらんでいる。しかし、それでも栗林は、選手全員の「心の

火」を適正に保ちたいと考える。

「僕は選手たちに、『自分の長所で勝負しなさい』とよく言っているんです。自分の長所で勝負して、自分の長所でチームに貢献する、そういう発想を持って欲しいと。だから例えば、実力的に厳しい選手がいたとして、その選手がキャッチングがうまかったり、よくチームの分析ができたりしたとすれば、そこを認めてやりたい。そしてそれを伝えます。ノートに『ピッチャー陣の調子はどうだ？』と質問してみるとか、試合前に『今日はどんな感じだった？　教えてくれないか』と聞いたりしてね。その選手がここが俺の長所だ、と思っているところで役割を与えることができれば、やりがいをもって頑張ってくれるんじゃないかな、と思うんですよね」

そうやって試合に出ている選手であれ、そうでない選手であれ、全員の「心の火が適正に灯るよう」気をつけているのだ。

もちろんこれはノートだけで行えることではない。栗林は、「総力戦だ」と言う。

「大石先生の存在も大きいですよ。やっぱり選手というのは監督にはなかなか見せることのできない顔、感情がありますよね。でもコーチである大石先生には言えるということもあるわけです。選手と密にコミュニケーションを取ってくれている大石先生から伝わって

〝総力戦〟を敷く大石副部長（左）と栗林監督。

くることもある。そうやって総力戦でやっているイメージですよね」

これは大石も心得ている。

「今週は僕が2年生、監督が3年生、来週は逆、というように順番にノートを見ているので、自分が担当している週の学年の子が書いていたことなどで監督の耳に入れておかなければいけないなと思うことは伝えるようにしています。監督もそれをうまくミーティングなどに生かしてくださっていると思います。そういうところもあって、監督さんになられてから、ひとりも部員が辞めていないんだと思うんですよね」

そう、強豪校であり、また裁量枠と一般枠という特殊な関係があるなかで栗林が就

任以降、選手は誰ひとり辞めていない。

「4月の仮入部で辞めた子はひとりいましたよ。でもそれについては僕がどうこうというのは関係ないと思いますよ。それは静岡高校の伝統的なものだと思います。しっかりした子が入ってきますから」

栗林はそう謙遜するが、監督以下「総力戦」で行われる指導が、彼らの支えになっていることは間違いないだろう。

期待されなかった先輩たちがつかんだ甲子園

2015年、栗林が静岡高校野球部に「灯し続けた火」も8年目を迎えている。

そして、そのチームは客観的に見れば史上もっとも強いチームとなった。2014年の甲子園出場のレギュラーメンバーが6人残り、秋季静岡県大会優勝、東海大会優勝、そして春の甲子園ベスト8、春季東海大会優勝……。公式戦の敗戦は、神宮大会の東京都・東海大菅生戦と先の春の甲子園での敦賀気比戦のふたつのみだ。今夏の静岡大会においても圧倒的な優勝候補に推されていた。ただし、それはこうした実績だけがもたらしているも

のではない。このチームには、強豪校に特有の空気がいい意味でないのだ。

そこにあるのは張り詰めた緊迫感ではなく、程よい緊張感、とでも言えばよいか。それは例えば、バッティング練習中。バッティングピッチャーの選手が給水にベンチへ行くと、打撃を終えた主力選手が、その選手の名前を呼び「○○ありがとう」「□□サンキュー」と声を掛ける、そんな姿に感じ取れる。上下関係はあろうが、それが妙にギスギスしていない。この理由——今年の静岡高校が強い理由——は昨夏の甲子園、大半のメンバーがレギュラーになれず、ベンチから大声を張り上げ後輩を鼓舞した、最上級生たちの姿が影響している。

選手と一番近いところでコミュニケーションを取る大石は昨年のチームをこう評する。

「昨年の甲子園に行ったチームは一体感、チームのまとまりが最大の強みだったと言えました。試合に出られない3年生が多いなか、彼らがすごく頑張ったんです。本当は主力で活躍したいだろう3年生たちがみんなベンチにいて、そのメンバーたちが出ている後輩たちを鼓舞しながら、ど真ん中で本当に一生懸命に声を出す。誰ひとりくさることなく……。そういう先輩たちのもとでレギュラーを張っていたので、いまの最上級生たちも、それを目指さなければならない、という気持ちがあると思います。今年の3年生は個の力が強い

んですけど、でも受け継いでいるもの、受け継がなければいけないと思っているものがあると思いますね」

それは栗林も同じ思いだ。

「昨年、甲子園に行ったチームは、正直に言えば技量的にはそんなに飛び抜けたものを持っていなかった子たちなんです。それがね、3年生を中心にして2年生のレギュラーの子たちを快くグラウンドに送り出してくれる。〝お前たち思い切ってやってこい！　責任は俺らが取るから〟というふうにまとまってくれて、その結果が甲子園まで行けた。そもそも振り返ってみれば彼らはつねに期待されていたわけではなかった。実はその前年のチームはもう大本命中の大本命だったんです。静岡の秋季大会を優勝して、春の東海大会でも準優勝。周囲の期待も高まって、このチームで負けたら当分甲子園は行けないぞ、というような雰囲気で……それでいざ夏の大会に臨んだら準々決勝で負けてしまって。もうみんな打ちひしがれているわけです。（新チームは）どうみてもちょっと厳しいな、というメンバーだったもんですから。でもそんな子らが、甲子園まで行った。キャプテンの安本なんかはそういうチームを見て、知っているから上級生がどうあるべきか、と考えるんでしょう」

最上級生のまとまりが作ったチーム力。それが「力のないチーム」を甲子園に導いた。そういう雰囲気は、受け継いでいかなければいけない――そんな思いがチーム内に存在することで、作り出された雰囲気だったのである。

ただし、それだけでは「甲子園で勝てなかった」ことも事実だった（２０１４年の夏の甲子園では初戦敗退を喫した）。昨夏の3年生をベースとし、さらに上積みをしていかなければ、チームは強くならない――栗林から名前の挙がったキャプテン、安本竜二もそれは強く自覚している。尊敬する人を前年のキャプテン岸山智大だと言う彼の思いはこうだ。

「去年の夏の大会では、1、2年生が多く試合に出ていて、下級生のレギュラーが6人いたんですけど、それでも岸山さんが、お前らは本当にお前らがやりたいようにやってくれれば、あと俺たち3年生が尻を拭ってやるって言ってくださいました。岸山さんは試合に出られていたんですけど、ベンチには3年生がたくさんいて、そういう3年生をまとめながらチームを引っ張っていく姿は本当に尊敬できましたし、本当に感謝しなきゃいけないって思いました。特にそれは新チームになって分かったことです。3年生の存在がどれだけ大きかったのか、というのは」

最上級生がいかにチームをまとめることができるのか。引っ張ることができるのか。そ

れは、レギュラーだけではなく、試合に出ることがかなわない最上級生を含めて、である。だから安本は、そういう思いをしつこく野球ノートに書き、最上級生にそれを求めた。

4月14日（火）
3年生17人の思いを1つにできるのか。自分が思うに今のままだと3年生の思いは割れると思う。競争といっても完全に全員が平等な争いにはならないし、数少ないチャンスをものにしなければいけない選手も出てくると思う。

4月17日（金）
全員で一球を追う。それを基本としてやるべきことをやっていきたい。〈略〉3年生の思いを1つにすることを考えてやっていく。ここからが勝負。

4月26日（日）
秋はもっと全員で打席に立っているような感じがした。気持ちに楽な面があるのと、そういうのは少し違うと思う。全員でやることを意識していきたい。

こういった言葉は、春の甲子園で敦賀気比高校に敗れて以降、頻繁に書かれるようになる。そして「明日の課題」の欄には決まってこう記した。

思いを1つにする努力

また、社会人チームと練習をしたときも、野球の技術や体力的なことではなく、チームとしての視点が強くなった。

4月21日（火）
社会人の練習に参加させてもらい本当によい経験になりました。ベテランの33歳から新人の20歳までと言われましたが、それぞれでチームのために働き、動いていた。ベテラン選手がチームを引っぱり、いばるのではなく、自分が1番に動いていたし、若手に任せるところは任してとさすが社会人だなと感じた。

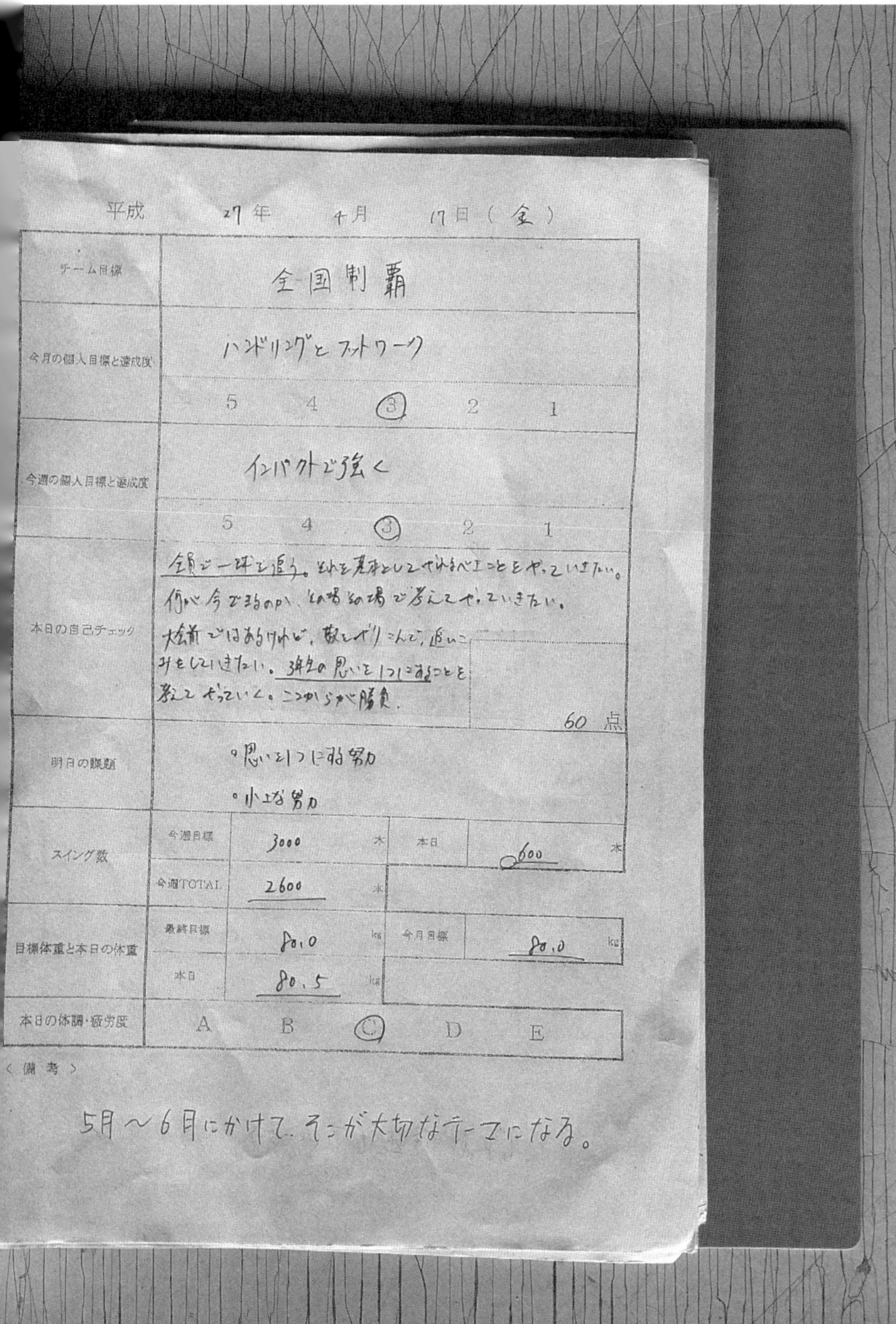

平成 27年 4月 17日（金）

チーム目標	全国制覇
今月の個人目標と達成度	ハンドリングとフットワーク 5 4 ③ 2 1
今週の個人目標と達成度	インパクトで強く 5 4 ③ 2 1
本日の自己チェック	全員で一球を追う。それを基本としてやるべきことをやっていきたい。 何が今できるのか、その場その場で考えてやっていきたい。 大会前ではあるけれど、敢えてやりこんで追い込みをしていきたい。3年生の思いを1つにすることを考えてやっていく。ここからが勝負。 60 点
明日の課題	○思いを1つにする努力 ○小さな努力
スイング数	今週目標 3000 本 / 本日 600 本 今週TOTAL 2600 本
目標体重と本日の体重	最終目標 80.0 kg / 今月目標 80.0 kg 本日 80.5 kg
本日の体調・疲労度	A B Ⓒ D E

〈備考〉

5月～6月にかけて、そこが大切なテーマになる。

静岡高校野球部

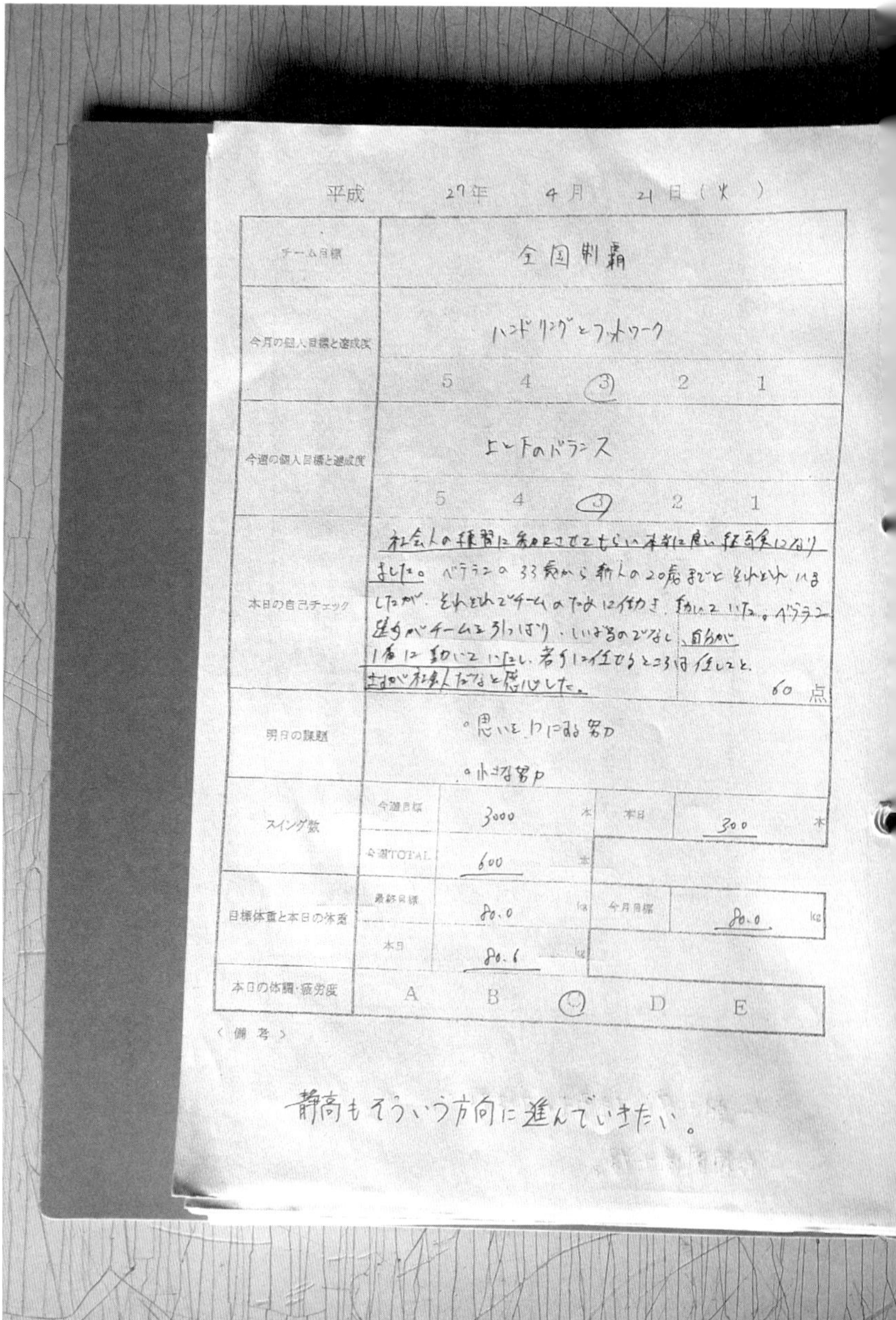

平成	27年　4月　21日（火）
チーム目標	全国制覇
今月の個人目標と達成度	ハンドリングとフットワーク 5　4　③　2　1
今週の個人目標と達成度	上下のバランス 5　4　③　2　1
本日の自己チェック	社会人の練習に参加させてもらい本当に良い経験になりました。ベテランの33歳から新人の20歳までとそれぞれいましたが、それぞれでチームのために動き、気合いも入った。ベテランまでもチームを引っぱり、いる声のどなど、自分が1番に動いていたい。若手に任せるところは任せると、すごく社会人だなと感心した。　　　　60点
明日の課題	○思いっ切りに良く送球 ○小さい送球P
スイング数	今週目標 3000 本　本日 300 本 今週TOTAL 600 本
目標体重と本日の体重	最終目標 80.0 kg　今月目標 80.0 kg 本日 80.1 kg
本日の体調・疲労度	A　B　Ⓒ　D　E

〈備考〉

静高もそういう方向に進んでいきたい。

安本は、ノートに書くだけでなく選手だけのミーティングでも「思いを1つにする」ことを問いかけ続けた。

こういう努力があるからこそ、静岡高校は強豪高校にありがちな緊迫感ではなく、心地よい緊張感をみなぎらせることができるのだろう。チームが一代きりで変わるのではなく、毎年、毎年少しずつベースを作る。それが伝統のなせる業だと言えばそうかもしれない。けれど、その伝統を受け継ぐにも、こうした指導者やリーダーの努力抜きには語れないだろう。

春季大会、決勝戦

こうした空気を象徴する試合もあった。春季静岡大会決勝、東海大静岡翔洋高校戦。先発投手はそれまでバッティングピッチャーなどを務めることでチームを支えてきた左腕、高橋陸に決まった。公式戦では登板がなくベンチ入りメンバーの当落線上にいた最上級生。安本は前日のノートにその思いを記した。

5月4日（月）

中一日空いての決勝。明日の先発は高橋。これまで本当に苦しかったと思うし、辛い思いが多かったと思う。それでもチームのことを1番に考えていて、チームのためにと動いてくれた。その高橋がやっとその舞台に立つことができるので、野手が何としても勝たせるという思いでやる。

また同じく3年生で、自身は怪我で練習ができず悔しい思いを胸に抱きながら、高橋の球を何度も受け、ブルペンキャッチャーとしてピッチングスタッフと監督との橋渡しをしていた控えメンバーの阿井孝汰はこう書いた。

いよいよ明日は春季大会の決勝である。先発は公式戦では初登板の高橋なので、野手がどれだけピッチャーを援護できるかがカギになってくる。どんなに苦しい試合でもチーム一人一人がそれぞれの立場で全力を尽くすこと。

当の本人、高橋は不安も交えながら、意気込みを綴った。

平成 27年 5月 4日（月）

チーム目標	全国制覇			
今月の個人目標と達成度	広角に強く打つ			
	5　4　③　2　1			
今週の個人目標と達成度	アウトコース打ち			
	5　4　③　2　1			
本日の自己チェック	中1日空いての決勝。明日の先発は高橋。これまで本当に苦しかったと思うし、辛い思いが多かったと思う。それでもチームのことを常に考えていて、チームのためにと動いてくれていた。その高橋がやっとその舞台に立つことができるので、野手が何としても勝たせるという思いで行く。		60 点	
明日の課題	○思いを1つにする部 ○全力			
スイング数	今週目標	3000 本	本日	600 本
	今週TOTAL	600 本		
目標体重と本日の体重	最終目標	80.0 kg	今月目標	80.0 kg
	本日	80.4 kg		
本日の体調・疲労度	A　B　Ⓒ　D　E			

〈備考〉

高橋は必ず夏の戦力になる。

平成 27 年 5 月 4 日（月）

チーム目標	㊗春 県優勝→東海優勝			
今月の個人目標と達成度	できる限りのことに全力を尽くす。 5 ④ 3 2 1			
今週の個人目標と達成度	無理をしない範囲で無理をする 5 ④ 3 2 1			
本日の自己チェック	いよいよ明日は春期（季）大会の決勝である。先発は公式戦では初登板の高橋なので、野手がどれだけピッチャーを援護できるかがカギになってくる。どんなに苦しい試合でも、チーム一人一人が役割の立場で全力を尽くすこと。もちろん明日勝つことも大切だが、この一試合がこれからの東海大会、そして、夏の大会につながるように、自分達の出せる力を出しきって、収穫のあるものにしていきたい。	65/100点		
明日の課題	全力を尽くす。			
スイング数	今週目標	— 本	本日	— 本
	今週TOTAL	— 本		
目標体重と本日の体重	最終目標	71.0 kg	今月目標	71.0 kg
	本日	70.0 kg		
本日の体調・疲労度	A B C Ⓓ E			

〈備考〉

OK.

監督や安本も勝たせるつもりでいると言ってくれてとても頼もしい。自分には信頼できる仲間、バックがいるので、それを信じて投げれたらいいと思う。守備はとても頼もしいレギュラー陣。自分の初登板で迷惑をかけることは目に見えているので、開き直ってやっていきたい。とにかく準備はしてきたので、後悔はしないようにやっていく。

監督の栗林は一言、高橋のノートにコメントをした。

信頼関係というものは、大きな力を生む。

高橋には強い味方もいた。同じくバッティングピッチャーなどを務める高畑英一郎、千葉宥喜人、また控え野手の堤光太朗ら3年生たちと「試合に出られず悔しい。俺らで絶対ベンチに入ってやろう」と固く誓い合い、日々練習に励んでいたのだ。

先発の高橋は、初回いきなり3点を失う。慌てた。それでも、バックを見れば安本がい

平成 27 年 5 月 4 日（月）

チーム目標	県優勝、東海優勝			
今月の個人目標と達成度	いろいろな経験を積んでいく。			
	5　4　(3)　2　1			
今週の個人目標と達成度	自分のやる準備、グランドでの行動。			
	5　(4)　3　2　1			
本日の自己チェック	監督が、安井も勝たせるつもりでいると言ってくれてとても頼もしい。自分には信頼できる仲間、バックがいるので、それを信じて投げれたらいいと思う。守備はとても頼もしいレギュラー陣、自分の投手で迷惑をかけることは目に見えているので、開き直ってやっていきたい。とにかく準備はしてきたので、後悔はしないようにやっていく。		60点	
明日の課題	やれることをやる。			
スイング数	今週目標	500本	本日	50本
	今週TOTAL	50本		
目標体重と本日の体重	最終目標	70kg	今月目標	66kg
	本日	64.7kg		
本日の体調・疲労度	A　B　(C)　D　E			

〈備考〉

信頼関係というものは、大きな力を生む。

た。3年生がいた。ベンチにもスタンドにも、ともに汗を流してきた仲間がいた。高橋は以降を踏ん張り、9回を初回に奪われた3失点のみで乗り切る。打線も奮起し、4回の大量8得点を皮切りに加点し続け、12対3の大勝で春季大会優勝を決めた。

高橋はこの日の野球ノートにこう書いた。

今日出た課題、公式戦だからとやはり硬くなってしまったこと。力みが大きく出たこと。無駄なフォアボールが多いこと。逆に収穫は、自分の実力でも九回投げきれたこと。初回の失敗を、修正できたこと。公式戦の舞台を経験できたこと。課題と収穫がたくさん出た試合。さらなる高みを目指してやっていきたい。そしてチームとして勝てたことが一番大きい。野手や周りの仲間に感謝したい。

キャプテンの安本はこう記した。

今日の勝ちは高橋のピッチングだと思う。3点を先制されても、バックを信じて投げ続けてくれたので、チームに流れを呼びこんだと思う。信頼される投手はいい

平成　27年　5月　5日（[illegible]）

チーム目標	県優勝、東海優勝。
今月の個人目標と達成度	いろいろな経験を積んでいく。 ⑤　4　3　2　1
今週の個人目標と達成度	投げながらでも修正 5　④　3　2　1
本日の自己チェック	今日出た課題、公式戦だからとやはり硬くなってしまったこと、力みが大きく出たとこ、無駄なファアボールが多いこと、逆に収穫は、自分の実力でも九回投げ切れたこと、初回の失敗を、修正できたこと、公式戦の舞台を経験できたこと、課題と収穫がたくさん出た試合、さらなる高みを目指してやっていきたい。そしてチームとして勝てたことが一番大きい、野手や周りの仲間に感謝したい。　65点
明日の課題	明日も連戦を意識して勝ちにいく。
スイング数	今週目標 500本　本日 150本 今週TOTAL 200本
目標体重と本日の体重	最終目標 70kg　今月目標 66kg 本日 64.2kg
本日の体調・疲労度	A　B　C　Ⓓ　E

〈備考〉

これは夏に向けての第1歩。今後、もっと良くなっていくだろう。

平成　27年　5月　5日（火）

チーム目標	全国制覇
今月の個人目標と達成度	広角に強く打つ 5　4　(3)　2　1
今週の個人目標と達成度	アウトコース打ち 5　4　(3)　2　1
本日の自己チェック	今日の勝ちは高橋のピッチングだと思う。3点を先制されても、バックを信じて投げ抜けてくれたので、チームに流れを呼びこんだと思う。信頼される投手はいいと思った。これで林、村松の他にも高橋は投げれるピッチャーだと思った。これはチームにとっても大収穫だと思うし、良い[illegible]てくる。といい試合だったと思う。 70点
明日の課題	○全力 ○松田を勝たせる
スイング数	今週目標 3000本　本日 400本 今週TOTAL 1000本
目標体重と本日の体重	最終目標 80.0kg　今月目標 80.0kg 本日 80.3kg
本日の体調・疲労度	A　B　(C)　D　E

＜備考＞

本気でやると　知恵が出る
本気でやっていると　誰かが助けてくれる
中途半端にやっていると　愚痴が出る

と思った。これで村木、村松の他にも高橋は投げれるピッチャーだと思った。これはチームにとっても大収穫だと思うし、夏に生きてくる。いい試合だったと思う。

ブルペンで球を受け続けた阿井のノートはこうだ。

まずは春の目標の1つであった県大会を優勝することができました。公式戦初登板の高橋の粘り強いピッチングもあり投打で良い収穫のある一戦になりました。日頃からブルペンで球を捕り、地道に努力を続けてきた高橋がこうして良い結果を出せたことは自分としてもうれしく思います。自分もこれからも周りに負けないように、努力をしていきたいです。

阿井のノートには、栗林からこんなコメントがあった。

投手陣の好投は阿井の活躍そのものだぞ。

栗林はこの試合を振り返ってこう言う。

「高橋は練習からものすごく頑張っていて、良くなってきていた。夏の大会に向けて三番手の投手を作りたいというのもあって経験を積ませたかったんですね。でもなにより頑張っている姿を仲間も見ているから野手ものすごく気合いが入っていた。絶対勝たせると言ってね。本当にいい雰囲気でしたね、あの試合は」

3年生で勝つ

もちろん、こうした最上級生を中心としたいい雰囲気を最初から作ることができていたわけではなかった。先に安本が「(前の)3年生がいなくなって分かったことでした」と語ったとおり、新チーム結成当初は苦労の連続だった。安本自身、チームをどうやっていい方向に持っていけばよいか、ずいぶんと悩んだ。それを野球ノートに書いたこともある。

「いまの3年生を見てどれだけ2年生(現在の3年生)が吸収できるかだということ、新チームになって、3年生がいないのだから、2年生がやらなきゃいけないっていうのは書きました。新チームになって、ずっと試合に出ているメンバーとそうでなかったメンバー

の温度差や、まったくなにも分からない1年生とやっていくというギャップみたいなものがあったので。それでいて、いままで出ていたメンバーが引っぱってやるというような姿勢をみせてくれればよかったんですけど、最初はそれもないように感じて……なんというか、意識がばらばらの状態でスタートしたという感じでした」

安本はその危機感から、最上級生を中心にミーティングを開き自分の思いを訴え、そして行動で示すように努めた。

「甲子園から帰ってから2週間後くらいですかね、いまはチームじゃない、というようなことを話しました。厳しいことも言ったと思うんですけど、とにかく去年の最上級生から学んだことを話そうと思って。それから秋の大会あたりから少しずつ最上級生が引っ張ってくれるようになりました」

新チームになり、今年こそレギュラーになると意気込んでいた矢先、首のケガをし、野球ができない日々を送ることになった阿井もこのときのチーム状況について同じように感じていた。

「仲が悪いとかいうわけではなく、一体感を出すっていうのがひとつのテーマだったと思います。学年の差であったり、意識や考え方の差があったとしても、チーム全体でどうひ

とつにまとまっていくか。そういうことは秋の段階で監督さんにもよく言われましたし、自分も感じているところでした」

高橋の弁はこうだ。

「個性がそれぞれ強くて、最初はまとまりのない学年だったんですけど、そのなかで安本が率先して声を出したり、動いてくれた。それぞれ立場とか違いはあるんですけど、安本がうまくまとめてくれたと思います」

最強チームは、ただ個の力が強い集まりではない。学年の差、レギュラーの差。裁量枠と一般枠……そういったいろいろな「違い」を乗り越え、思いをひとつにできたからこそ、成しえた評価なのだ。そして、もちろん去年の3年生のチームのことも忘れてはならない。

7月8日、開幕まで2週間を切った日の阿井の野球ノートだ。

先輩たちの経験は自分達がこれから戦っていく上でとても役立ってくると思います。先輩たちが残してくれた良い部分は吸収して、そこに自分達の良さを加えて1人1人がより高い意識を持ってこれからも全力を尽くしたいです。

平成　27年　7月　8日（水）

チーム目標	県優勝 → 全国優勝
今月の個人目標と達成度	投手の力を最大限まで伸ばす 5　(4)　3　2　1
今週の個人目標と達成度	今日一日自分のできる限りのことをする 5　(4)　3　2　1
本日の自己チェック	昨日、一昨日と夏を迎える3年生の良いところも、改善すべきところもたくさんみてきました。先輩たちの経験は自分達がこれから戦っていく上でとても役立ってくると思います。先輩たちが残してくれた良い部分は吸収して、そこに自分達の良さを加えて1人1人がより高い意識を持ってこれからも全力を尽くしたいです。 75 / 100点
明日の課題	全力を尽くす。
スイング数	今週目標 — 本　本日 — 本 今週TOTAL — 本
目標体重と本日の体重	最終目標 71.0 kg　今月目標 71.0 kg 本日 70.5 kg
本日の体調・疲労度	A　B　(C)　D　E

〈備考〉

教訓から学び、成長してきたこのチーム。
コツコツ負ける要素を減らしてきました。
最後までやりきろう。

まさに伝統が静岡高校野球部を強くしていったのである。そして、そのひとつのツールとして一丸となるよう「心の火を灯し」続けた野球ノートが生かされていたのだ。

夏の大会まで残り2カ月を切った6月。安本の野球ノートには、それまで個人の技術的なことが書かれていた「今月の目標と個人の達成度」の箇所に「チーム全員の思いを1つにする」と書かれた。「明日の課題」にも「思いを1つにする努力」と書き込まれている。達成度の自己評価はまだ「3」だ。それでも——。

7月2日

自分が打つ打たないとか、活躍したいという思いよりも、この3年生達と1日でも長く、野球をやりたい。大会中にもどんどん一体感をつくっていきたいという思いのほうが強い。もちろん活躍したい気持ちもあるけれど、自分にできることだけやろうという気持ちになってきた。1日1日大事にしていく。

安本が書いた言葉には、充実感が溢れる。自己評価は厳しくとも、静岡高校は間違いなく理想のチームに近づいている。

平成 27年 7月 2日（木）

チーム目標	全国制覇			
今月の個人目標と達成度	チーム全員の思いを1つにする			
	5　4　(3)　2　1			
今週の個人目標と達成度	迷わない。			
	5　(4)　3　2　1			
本日の自己チェック	自分が打つ打たないとか、活躍したいという思いよりも、この3年生達と1日でも長く、野球をやりたい。大会中にもどんどん一体感をつくっていきたいという思いのほうが強い。もちろん活躍したい気持ちもあるけれど、自分にできることだけやろうという気持ちになってきた。1日1日大事にしていく。			60点
明日の課題	思いを1つにする努力			
スイング数	今週目標	3000本	本日	600本
	今週TOTAL	1900本		
目標体重と本日の体重	最終目標	80.0kg	今月目標	80.0kg
	本日	80.7kg		
本日の体調・疲労度	A　B　(C)　D　E			

〈備考〉

安本だってプロじゃない。完璧、ノーミスなんて無理。

"自分にできることをやる"、それで十分だぞ。

長野県 松商学園高校野球部

「ときを超える野球ノート」

60年前に綴られた日誌が与えた勇気と思考

伝統校として、強豪校として――。
高校野球界に名前を刻んできた松商学園。
不祥事を救った60年前の野球日誌。

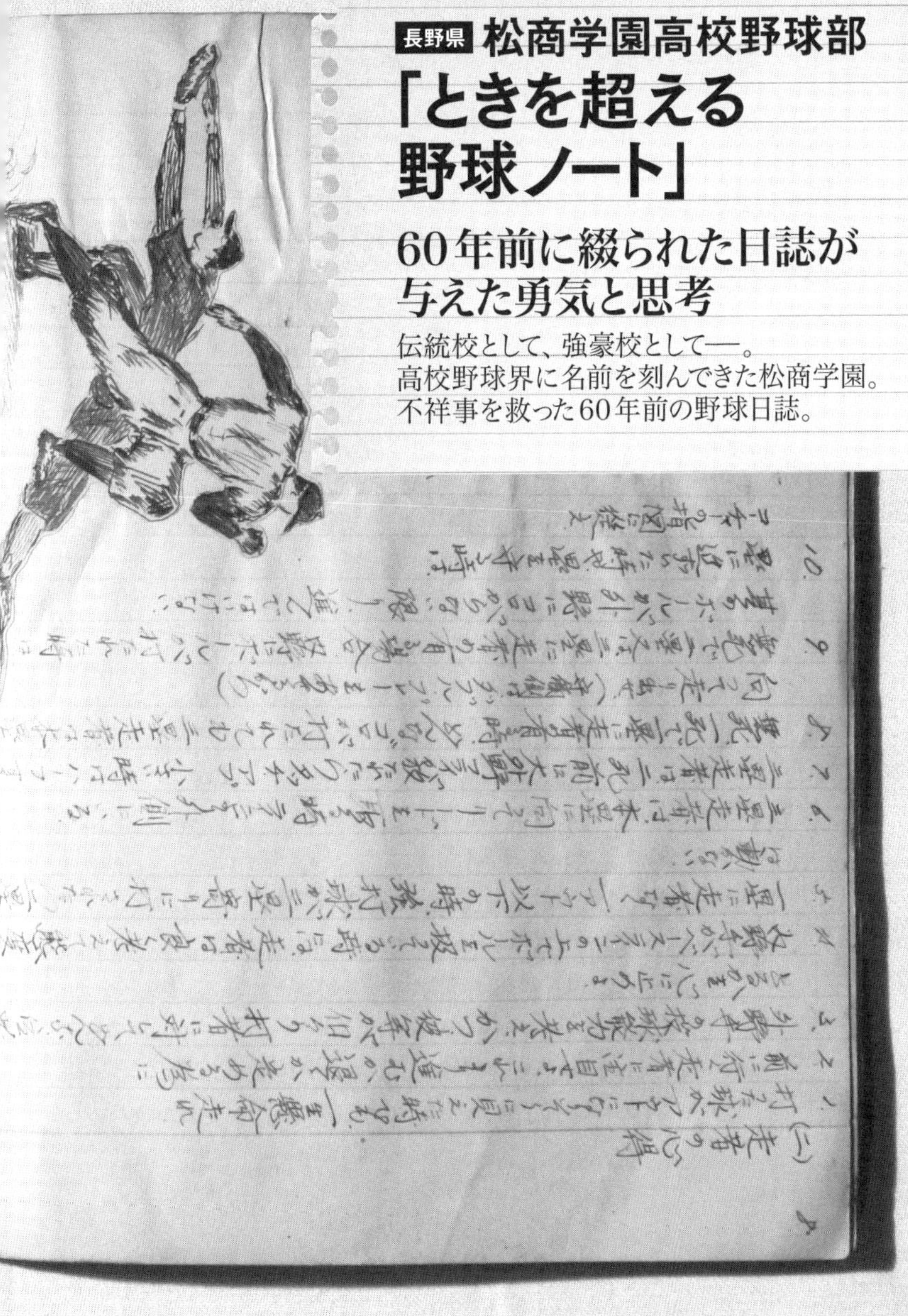

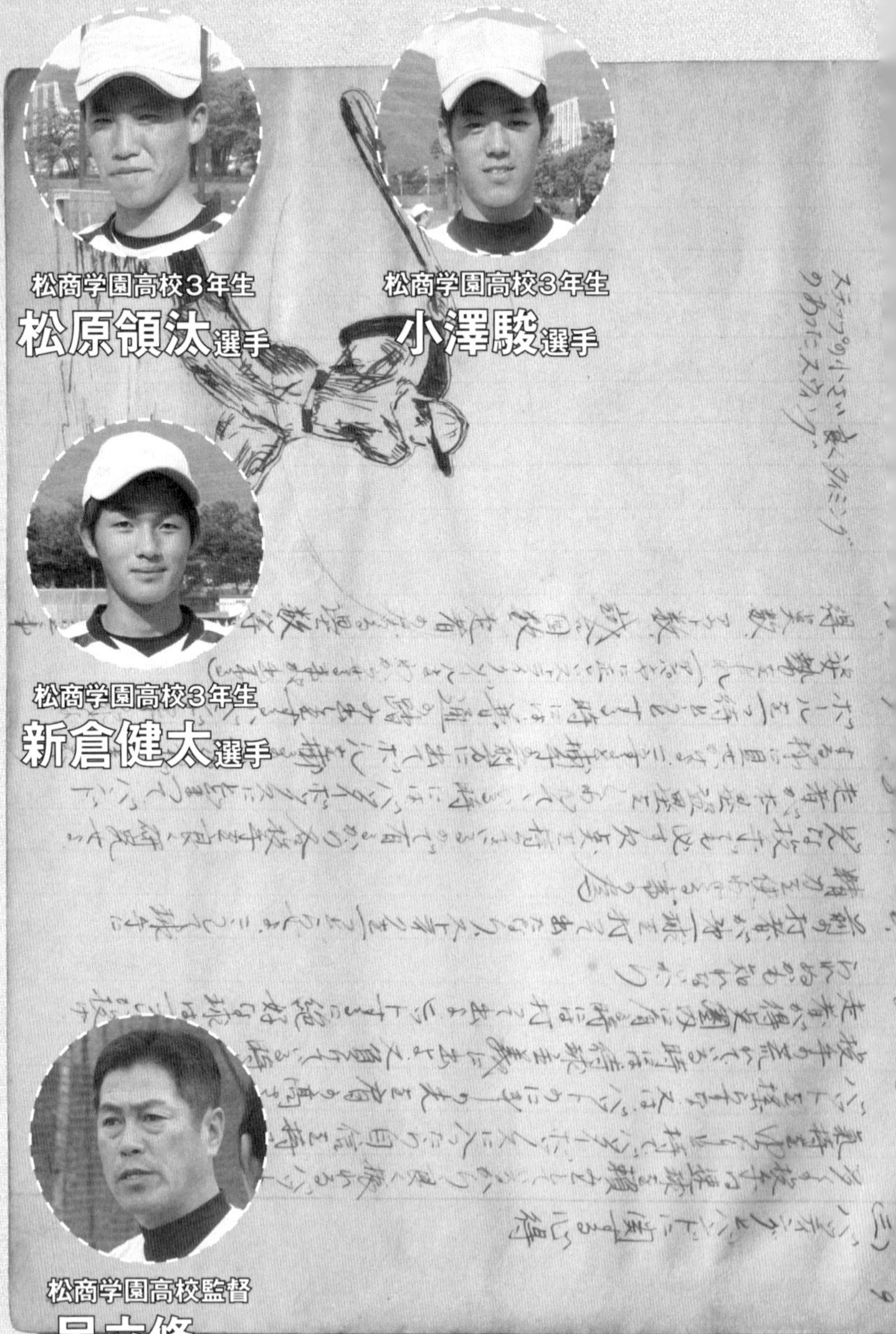

松商学園高校3年生
松原領汰選手

松商学園高校3年生
小澤駿選手

松商学園高校3年生
新倉健太選手

松商学園高校監督
足立修さん

学校法人松商学園松商学園高校（がっこうほうじんまつしょうがくえんまつしょうがくえんこうこう） 所在地は長野県松本市。春夏51回の甲子園出場、優勝1回を誇る強豪高校。

歴史を刻む部員心得

日本の高校野球発祥100周年を迎えた2015年。

これは、1915年に大阪府豊中市で第1回全国中等学校優勝野球大会（現・全国高等学校野球選手権大会）が開催されてから100年が経ったということだ。

その第1回大会が開催された2年ほど前に誕生したのが、長野県松本市にある松商学園高校（旧・松本商業）である。

過去に、夏の甲子園に35回出場した記録は、北海道の北海高校の36回出場に次ぐ記録を誇る。1928年夏には全国優勝も果たした。卒業生には、その全国優勝したときのエースで、巨人の4番打者としても活躍した中島治康。また、1991年、春の選抜大会準優勝時のエースで、日本ハムファイターズ、中日ドラゴンズでプレーした上田佳範など、これまでに32人のプロ野球選手を輩出してきた。

２０１５年で創部１０２年目となる松商学園の歴史は、校舎内に開設された歴史栄光室でたっぷりと振り返ることができる。そこには、甲信大会優勝旗や全国中等学校優勝野球大会優勝旗、創部当時から現在までのユニフォームの変遷などが、写真や現物で飾られている。そしてその一角に、戦後すぐに書かれた野球日誌が3冊、置かれている。

これは、１９５３年から１９５４年に松商学園野球部に在籍していた部員・大塚正夫氏が書いていた野球日誌だ。

当時、野球部の指揮を執っていた胡桃沢（くるみさわ）清監督が、選手の内面の育成を重視した指導をしていたことから、日誌をつけることが日課となったと言われている。松商学園の卒業生でもあった胡桃沢監督は、選手時代、１９３３年春夏ともに甲子園に出場。卒業後は、中央大学へ進学。その後、１９４９年6月に、松商学園に赴任すると、監督に就任した13年間のうち、春2回、夏7回、チームを全国大会に導いた。

戦後以降、一度も夏の甲子園に出ていなかったチームを就任後に5年連続で甲子園に導いたことから、『復興の功労者』とも呼ばれた。

大塚氏のご遺族の意向によって歴史栄光室に２０１２年に納められた3冊の野球日誌。この日誌は、戦後に強豪復活を果たした松商学園野球部の当時の取り組みを鮮明に描いて

NOTE BOOK
NO 3
野球ノート
Superior Note Book
野 球
SUPERIOR—NOTEBOOK
野 球
日誌
1953年度
松南学園野球部部員
大塚正夫

いる。

いまから60年以上前に書かれていた野球日誌3冊、そのいずれにも、最初の頁には、松商学園野球部の『部員心得15条』が手書きで記されていた。

部員心得

一　野球選手たる前に、松商学園生徒たれ
二　礼儀は和の基である
三　常に反省したならば失敗は少ない
四　態度、言語は率直明瞭であれ
五　清楚な美を持て
六　摂生に細心の注意を怠けるな
七　けじめをつけよ
八　野球は社会に通ずる事を忘れるな
九　常に斗志を持ち物事に自主的たれ

十　言い訳をするな

十一　努力、研究は完成への途

十二　自我をなくし行動を共にせよ

十三　確固たる信念を培養せよ

十四　他人の物は無断で使用するな

十五　用具を大切にする事は精進の表れ

松商学園野球部

さらに、部員心得のあとには、およそ54条にも及ぶ「選手心得」なるものが記される。それ以外にも、「内野手の心得」「走者の心得」「バッティングとバンドに関する心得」が各10項目ずつ、大塚氏が自ら描いたイラストとともに記載されていた。

それだけで松商学園野球部のすべてがここにある、と感じさせるほどの内容だ。そして、部としての方針を冒頭に綴ったあとから、いよいよ野球日誌としての頁が始まっていく。

当時も毎日、野球日誌を書いていたようだが、その記述内容は実に濃い。

練習の振り返りや、指導者からの言葉。覚えたフォーメーションを図で書いて残してい

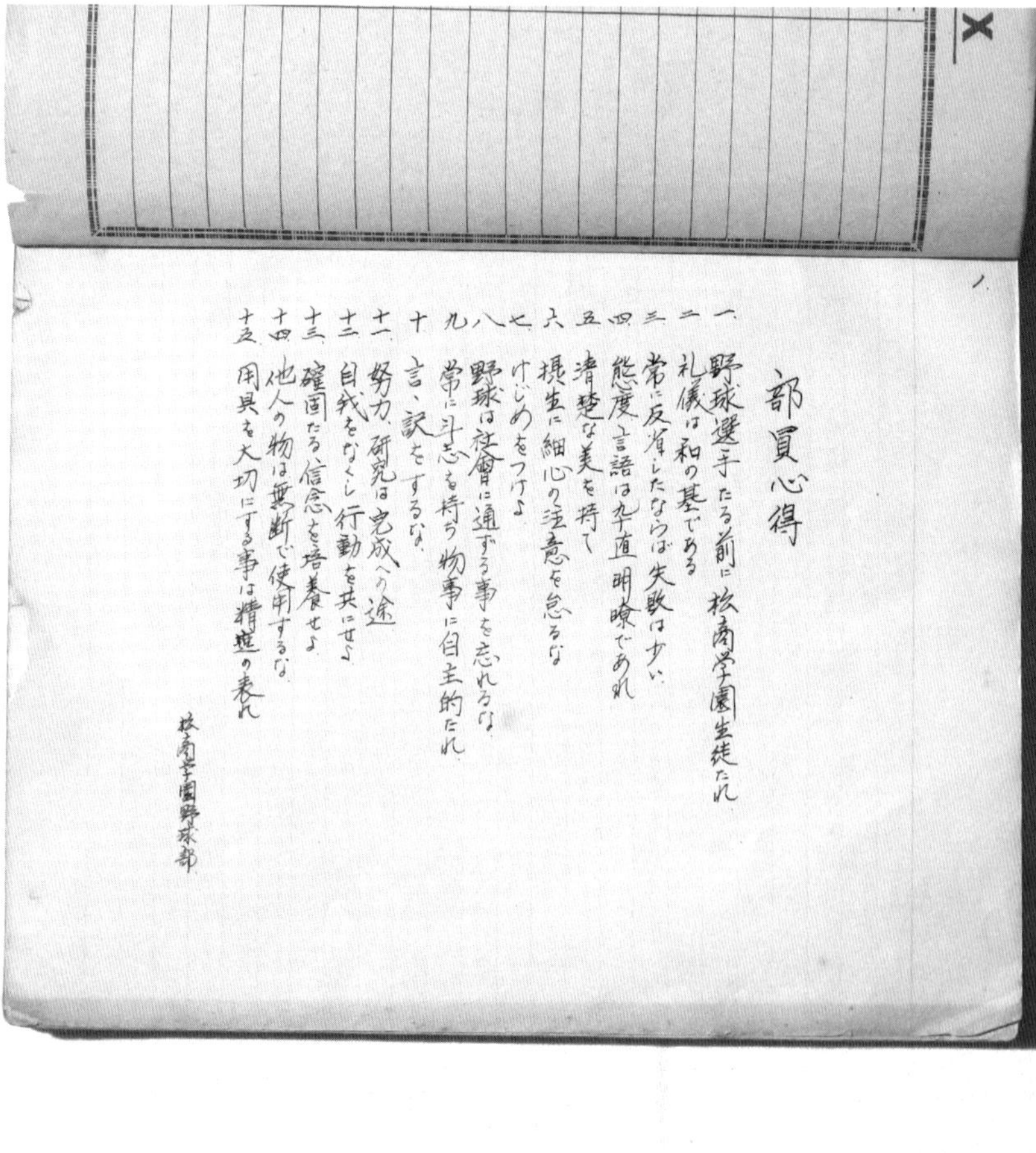
部員心得

一　野球選手たる前に　核南学園生徒たれ
二　礼儀は和の基である
三　常に反省したならば失敗は少い
四　態度言語は率直明瞭であれ
五　清楚な美を持て
六　摂生に細心の注意を怠るな
七　けじめをつけよ
八　野球は社會に通ずる事を忘れるな
九　常に斗志を持ち物事に自主的たれ
十　言、訳をするな
十一　努力、研究は完成への途
十二　自我をなくし行動を共にせよ
十三　確固たる信念を培養せよ
十四　他人の物は無断で使用するな
十五　用具を大切にする事は精進の表れ

核南学園野球部

たり、試合のイニングスコアや新聞記事の切り抜きを貼って、あとから読み返しても、いつどこで、どんなことがあったのかが一目で分かるほど、詳しくまとめられている。

大塚氏の在籍していた1953年は夏の長野大会4連覇、さらに3年生最後の夏の翌1954年には5連覇を達成しているだけに、「常勝軍団の教科書」とも呼べるような内容がぎっしりと詰まっていた。

例えば、大塚氏が高校1年生の2月には、走塁について自主的に深く考え抜いた内容が記載されている。

昭和二十八年二月二十五日　水曜日

—走塁について—　研究

打撃力を十分に生かす為には優れた走者となり、優れた走塁をしなければならない。

走塁が下手であると強い攻撃力はあっても、其の得点は最小限に終わるのであって、これに反し巧みな走塁のチームは打力に幾分の不足があっても、凡打を安打とし、安打を二塁打とし、四球や相手のエラーで塁に出れば、果敢な走塁をして得点

の機会を作る。

走塁の要件…走塁に関して肝要なことは、

一、優れた走力

二、機敏な動作

三、打球に対する正確な判断

四、巧みなスライディング　等である。

そして、次の行から、この各項目について、自分の見解をさらに深堀りして書き綴っている。また、自分の考えだけでなく、監督が話した言葉も忘れまいと書き留めている日も多い。当時は、部員たちは、「監督」という呼び名ではなく、「教官」と呼んでいた。

五月七日　木曜日　雨天

今日は雨天の為、教官の話しを教室に於いて聞く

一、人間と言うものは、最初より、最後のしめくくりが大切である

一、恐れられた後は、何故に恐れられたかの意を良く解して見る事

昭和二十八年二月二十五日　水曜日

二十七年度卒業生送別會が第六時間目より行われ我々も、送別會に参加した、四時半頃から練習開始、体育館にて、バットスイング、片足とび、うさぎとび、等をした後、階段をした。十回、七回、五回と三回してからアレーをして柔軟体操をした。

練習内容、バットスイング（準備体操）、階段、アレー、柔軟体操　整理体操、

一。走塁について。一　研究

打撃力を十分生かす為には優れた走者となり優れた走塁をしなければならない。走塁が下手であると強い攻撃力はあっても、其の得点は、最少限に終るのであって、これに反し巧みな走塁のチームは打力に

走塁の要件……走塁に関して肝要なる事は
一、優れた走力　二、機敏な動作　三、打球に対する正確な判断
四、巧みなスライディング　等である。
(イ)、優れた走力について
野球では走力が根本をなすものである事は重要なる事である。
足の速い者は球を取るにも、又、打って走るにも非常に有利である。
打者が内野に打って一塁に走り刺殺さるるのは、僅かに一、二歩の差に
よって決するものである。打者が内野に打って一塁に走り刺殺
さるるのは、僅かに一歩、あるいは二歩である。此の言を良く
解して、この一、二歩の差を脚力によって埋め合せ、自らそこに
生ずる事を多く生ずべく努力する事が大切である。

一、野球を甘く考えるな。甘く考えると甘い人間になってしまう

一、不可能を可能にするのが良いのである。行きた努力の陰には必ず生きた進歩がある

一、技で人に勝つよりも心で勝て。心で勝つと自然に技でも勝てる

一、野球の真の面白さは二死からである

一、人におくれず、いつも人より一歩先のことを行え

一、バッチを今こうしてつけられる意を深く考えよ

一、授業のない時は図書館にて勉強せよ

一、十二日より金銭出納帖をつけること

一、走者を置いて一本ヒットを打てる打者になれ

常勝チームの指揮官が、選手に語る内容というのは、いまも昔も変わらない。

また、1945年8月15日の太平洋戦争の終結から、僅か8年足らずである現状も、日誌には所々に綴られていた。

五月二十七日　水曜日　晴天

今日は新部室への移動を行う。戦争を思わせる背嚢やラッパ昔使ったと思われるいびつになったボール、机や腰掛等のもう使えない様なものばかりで、ごたごたしていたが、吾々の力によって美しく見違える様な部室になった。吾々はこの良い部室をいただいた其の意味をもって深刻に考えよりよき部をチームを作らなければいけない。

大塚氏の日誌には、伝統あるチームとして、常にどう在るべきかが書き綴られている頁が多いが、それは胡桃沢監督が常日頃からそのような教えてを説いていただろうことが部員たちの日誌から伝わってくる。

1954年の球児

先に触れたとおり、松商学園は大塚氏が2年生の1953年の夏、第35回全国高校野球大会信越大会決勝で新潟明訓高校を6対0で下し、4年連続の優勝を決めた。

甲子園では、初戦で鳥取西高校に敗退。この年は、松商学園と同じく地元から「マッショウ」と呼ばれている愛媛の松山商業高校が決勝戦で土佐高校に3対2で勝利し優勝を収めている。

そして、甲子園で敗れた翌日から、松商学園の新チームがスタートした。

一九五四年度
八月二十四日　月曜日　天候　曇

今日から昭和二十九年度の練習が始まる訳だ。

そして今迄の自分達と異って今日からは此の松商学園野球部の最上級生として此の部の伝統にきず付ける事なく、維持し、且、発展をさせなければいけない立場に立った訳だ。

各上級生が心を清くしてこれからの日々の練習に励む日が早く来れば来る程そんなに幸いなる事は無いのだ。

然し、人間である自分達にいつもつきまとっているのは、困って来た時に頭に来る不安であると思う、其の気持がむねにいっぱいであるが、もうすぐ消え去り、自

信たっぷりの気持ちで練習に思う存分力の注がれる時が来ると思う。

一月一日

吾々の最大目的は、甲子園出場なのである。

甲子園に松商野球部の名を掲げねば、甲子園大優勝旗は勿論一敗地の実消をも無しえる事が出来ないのである。

甲子園に出場すると云う事は本当に生やさしい考えをして居て出来るものではない。

故に吾々は心腹を据えて一日の行である処の練習に精進するのが刊要ではなかろうか！

いよいよ夏の大会が差し迫ると、日誌には熱い言葉が目立つようになった。

五月十六日　日曜日　天候　晴れ

県代表は伊那北にゆずってしまった。

松商甲子園野球部実習販売と大きく書いた看板を
ずにして あるいは自動車より通行人に呼びかけ、スピーカーして
美しいメロディーと共に販売宣伝を行い、球を追いかける男の
心持ちと全く変らない精心を胸におどらせて
客に親切に当り、野球部の看板を立て、実習販売出来
る其の意を良く解し常に身にしみらせて短期間に
最大の利益を上げ様と十分に張切った、
野球に徹する者のみならず、人間は皆自己の責任
範囲は、どんなものが起ろうとも責任を負わねばいけない、
之は、立派な人と言うものになろう。
例えば、其の日しの後しまつとか、仕事中の取るべき
態度、一つの事に関する最初から最後迄の責任等、
皆そうである。其の責任を負うるのが一番大切
なるのではなかろうか
吾々は此の実習販売で種々のことを覚えるのが
出来た、それはここに記すまでもなし 又 記するの
出来ぬものも学ぶのが出来た。
然し効果的な実習販売にするか否かは 吾々の心持ち
一つであると思う

一月一日

天候晴れの一年の計にふさわしい希望にみちた
元旦であった。朝の神様仏様への御祈りの際
今年も去年に変らぬ良い成績を得ることが出来
る様にと部の皆全員が祈ったことであろう。
吾々は祈るだけではだめである。
神に祈りそしてその祈りを聞きいれてもらう様に
するべし。飛田先生の言葉の通り練習常善を
頭に置いてグランドの砂をかみしめねばならぬであろう。
互格の術を持てる者同志の戦いの時は精心の強い者
が勝つと言うのはここに述べるにも及ばないと思う。
本当に教官の言を守って土台の上に家を築いて行く
練習を自分のものにしてしまおう。
学校に於ては式があった。其の後 倉科部長の御話を
部室に於て聞いた後 鎮華の宮に参拝す。

一、不慣不悔不慾.

一、練習常善

——✿——～～——✿——

吾々の最大目的は、甲子園出場なのである。
甲子園に松商野球部の名を掲げねば甲子園の
大優勝旗は勿論 一敗地の実消をも成し得
る事が出来ないのである。
甲子園に出場すると云う事は本当に生やさし
考えをして居て出来るものではない。故に吾々は
心腹を据えて一日の行である処の練習に精進
するのが肝要ではなかろうか!

然し、吾々の目指す地は富山市にあらず
西ノ宮市の甲子園にあるのだ
甲子園に行く迄の過程として富山もあろうが、破れてしまっては致し方ないであろうが然し此の敗北を敗北としてたしなめる事なく、
今日の敗北を良薬として夏の甲子園には敗北を知らない松商野球部となろう。
良薬は口に苦いが然し「ため」になるのである。
真の勝者となるには周到な準備と不断の努力が大切である
〝激化する甲子園戦に打勝つ為に〟
此の言葉通り本当に真の勝者となるべく頑張る事を再誓しよう。

五月十七日　月曜日　天候　晴
商業での野球の指導方針は実際他校に見る事が出来ない処のものを持って居る。
云う人が云えば、きびしい方針だと云うかも知れぬ。
然し、吾々球児はそんな事を聞いてはならぬであろう。
むしろ、学校を出てきびしい社會に突入する吾々は正しい指導方針を受けて居る

事を喜びとするのみならず校門を出る際、これ以上のきびしい場所を求めて進まねばならない。

六月二十二日　火曜日　天候　晴

昨日の練習休みで旅の疲れも忘去り二十七日の甲子園大会中信予選の準備戦対南農戦に打勝ち甲子園大会の第一歩を飾る様に頑張ろう。これからの公式戦には全部勝たねばならない。場所（グランド）も松本市外縣営野球場なのである。これも何かの因であろう。

一試合一試合と勝って進み必ず甲子園の地に松商学園野球部の名を揚げよう。そして一敗地の実消を成遂げる事を忘れず余る短い練習日を十分に自信の向上と云う方面に使い励げもうではないか。

練習内容
キャッチボール
トスバッティング

六月二十二日火曜日　天候　晴
昨日の練習休みで旅の疲れも忘去り二十七日の甲子園大会中信予選の準備戦　対南農戦に打勝ち甲子園大会予選出場を飾る為に頑張ろう。これからの公式戦には全部

勝たねばならない。場所(グランド)も松本市外県営野球場なのである。これも何かの因であろう
一試合一試合と勝って進み　必ず甲子園の地に松商学園野球部の名を揚げよう　そして一敗地の笑消を

野球教室　打撃編(1)
中日・一塁　西沢道夫

スウィング"水平"が鉄則
スタンスは肩より広く自然体に

スタンス

スウィング

バットの握り

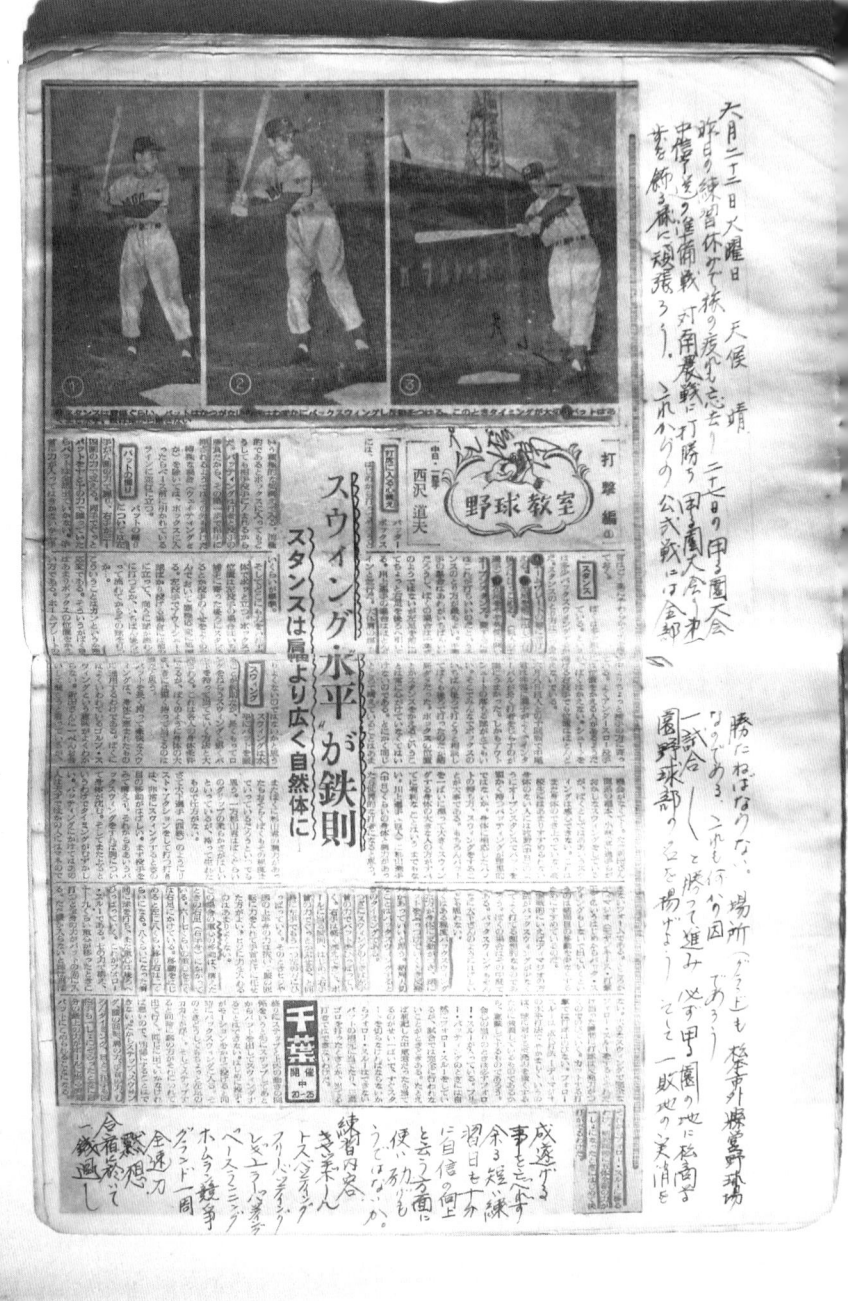

成遂げる事を忘れず余る短い練習日も十分に自信の向上と云う方面に使い努力もうではないか。
練習内容　きさ来ん
トスバッティング
フリーバッティング
レギュラーバッティング
ベースランニング
ホームラン競争
グランド一周
全速力
黙想
合宿に於いて一週過し

フリーバッティング

レギュラーバッティング

ベースランニング

ホームラン競争

グランド一周

全速力

黙想

合宿に於いて一銭廻し

大塚氏の日誌の記述はここで終わっていた。

迎えた全国高校野球選手権大会県予選最終日。松商学園は丸子実業高校に7対0で完封勝利を収め、見事5年連続甲子園出場を果たした。

大塚氏の3年間最後の日誌の頁には、『五回連続の偉業』の見出しが踊った新聞記事の切り抜きが貼られており、これが高校野球生活最後の頁となっていた。

復興を託された指揮官

松商学園はその後も、長野県の強豪校として君臨し続け、その後50年間、春の選抜大会4回、夏の選手権大会22回の出場を叶えてきた。

しかし、2008年の夏を最後に、全国大会の出場が途絶える。

再びの復興を託す者として白羽の矢が立ったのは、1980年度の松商学園卒業生で、早稲田大学に進学後は野手から投手に転向して19勝をマーク、その後、社会人野球のプリンスホテルで都市対抗優勝も経験するなど、高いキャリアを積み上げてきた足立修だ。

現役を退いたあとも、チームが廃部となるまでの6年間、プリンスホテルの監督として指揮を執ってきたが、ユニフォームを脱いでからは、社業に専念し、プリンスホテル旗艦店の管理支配人として勤め上げてきた。そんなとき、母校から、硬式野球部監督就任の依頼を受けた。迷った末の返事であったが、「母校に恩返しをしたい」という思いから、再び野球界に戻ることを決めたのだった。

2011年8月、松商学園の監督に正式に就任した足立が、3年間甲子園に遠ざかって

いたチームの改革のなかで、野球日誌を習慣的につけることを選手たちに伝えた。松商学園には、かつての胡桃沢監督の時代に取り組んでいたように、〝練習後に野球日誌をつける〟という習慣が、本格的にというわけではないが、その後も残っていたという。

「全員が毎日提出するものだったかは分からないのですが、僕も高校生のときはノートをつけていました。大学、社会人の頃も書いていましたね。社会人では9年間、現役でプレーしていましたが、ノートは15～20冊くらいになりました。全てかどうかは定かではないですが、いまでも自宅に取っておいてあります。僕がノートを書き続けたのは、ひとつはその日のことを振り返ることで自己実現していくためのものだと考えていたからです。書くことで自分自身の信念を固めていける。また、どれだけ深く振り返ることができるかが次の日につながっていくんですね」

自身で取り組んできたからこそ分かる野球日誌を書き続けることの大切さ。だからこそ、自身が監督になったときも、野球日誌の存在を選手たちに大事にしてもらいたかった。

それでも足立監督は、ノートや選手たちの表情から〝ある兆し〟を見つけることができなかったことを、いまでも遺憾に思っている。

それは、就任3年目の春。事件が起きる。日本学生野球協会は2014年3月4日、一

年前に部員間で暴力があったとして松商学園に2月13日から6カ月間、対外試合禁止処分を課す、と発表した。

処分が明けるのは8月に入ってから。これは当時の2年生部員にとっては、最後の夏となる選手権大会には、参加することができないということでもあった。

それでも、2年生部員は、誰ひとり部を去ることなく、試合ができなくても、もう甲子園を目指せなくても、自分たちの代で起こした事件として、しっかりと罪を償う気持ちで引退となる7月まで練習に参加し続けた。1年生たちもまた、そんな先輩たちの頑張りを目の当たりにして、一緒に練習に取り組んできた。この当時の1年生が2015年現在の3年生部員である。

松商学園は対外試合禁止処分を受けてから1カ月間、チームは活動を自粛することにした。この期間、部員たちは、校内のトイレ掃除やミーティングを繰り返し行った。彼らがミーティングで話し合ったのは、代々伝わる松商学園野球部の『部員心得』についてだ。

「部のなかでいろんなことがあって、自分たちの礎・基盤になるもの、迷ったら立ち戻れるところをまずは作らなきゃいかんと考えました。練習する以上に自分たちがどういう方向に向かっていくのか。方向性が定まらないと、そのエネルギーも無駄な努力になってし

まう。だけど、なにに向けて一生懸命取り組むのかが決まっていれば、決まるまで時間がかかるけど、決まってからそれに向かってみんなでやっていくんですよ。だから、代々伝わってきた部員心得を見直すことにしたんです。半世紀以上前につくられた部員心得は、いまの生徒たちは、文字は読めても、現代の言葉とは違う言い回しもあるので、気持ちが入ってこないものになっていた。それを一つひとつ、内容を見直して、気持ちを入れて自分たちで作っていこうと話しました」

当時のことを、浅野弘宗マネージャーはこう振り返る。

「当時の部員心得は、『～たれ』とか、言葉遣いがすごく難しかったですね。この言葉を分かりやすくして、どんな意味が込められているかを考えて、まずは現代語訳していきながら、部員70人で何班かに分かれて、心得に入れたい言葉を話し合っていきました。15条に当てはまること、当てはまらないもの。これは絶対に入れたほうがいいもの、言葉を出して、最後は、15条に5個プラスして新たな部員心得をつくりました。これは、昔のベンチ入りは15人でしたが、いまは20人ベンチ入りできるので、20条にしようという思いもあったんです。毎日放課後4時からはじめて、夜の8時半くらいまで。10日間くらい、ずっと話し合っていた記憶があります。班ごとに討論して、全体で出し合って、また班で話し

合ってと、同じことを何度も何度も繰り返して、1日2～3個のペースで作り出していきました」

作り上げた部員心得

長い時間を費やして、3月20日。ついに、新しい松商学園野球部の部員心得が完成した。

部員心得
松商学園高等学校硬式野球部
平成二十六年三月二十日完成

一　野球選手である前に松商学園生徒であれ
一　礼儀は和の基である
一　常に松商野球部という和であることを忘れるな
一　常に謙虚であれ
一　態度・言語は正直・明快であれ

一 清楚な美は心から生まれる

一 我慢は自分のためである

一 健康管理に細心の注意を怠るな

一 常に反省したならば失敗は少ない

一 成長の場(グラウンド)に立つ以上闘志を持ち続けよ

一 逃げ道をつくるな

一 本気で努力・研究することは成功への道

一 確固たる信念を持て

一 自立心を養え

一 けじめをつけよ

一 凡事徹底を忘れるな

一 用具を大切にすることは精進の表れ

一 上級生は下級生が決め下級生は上級生が決める

一 野球は社会に通じることを忘れるな

一 全てのことにありがとう

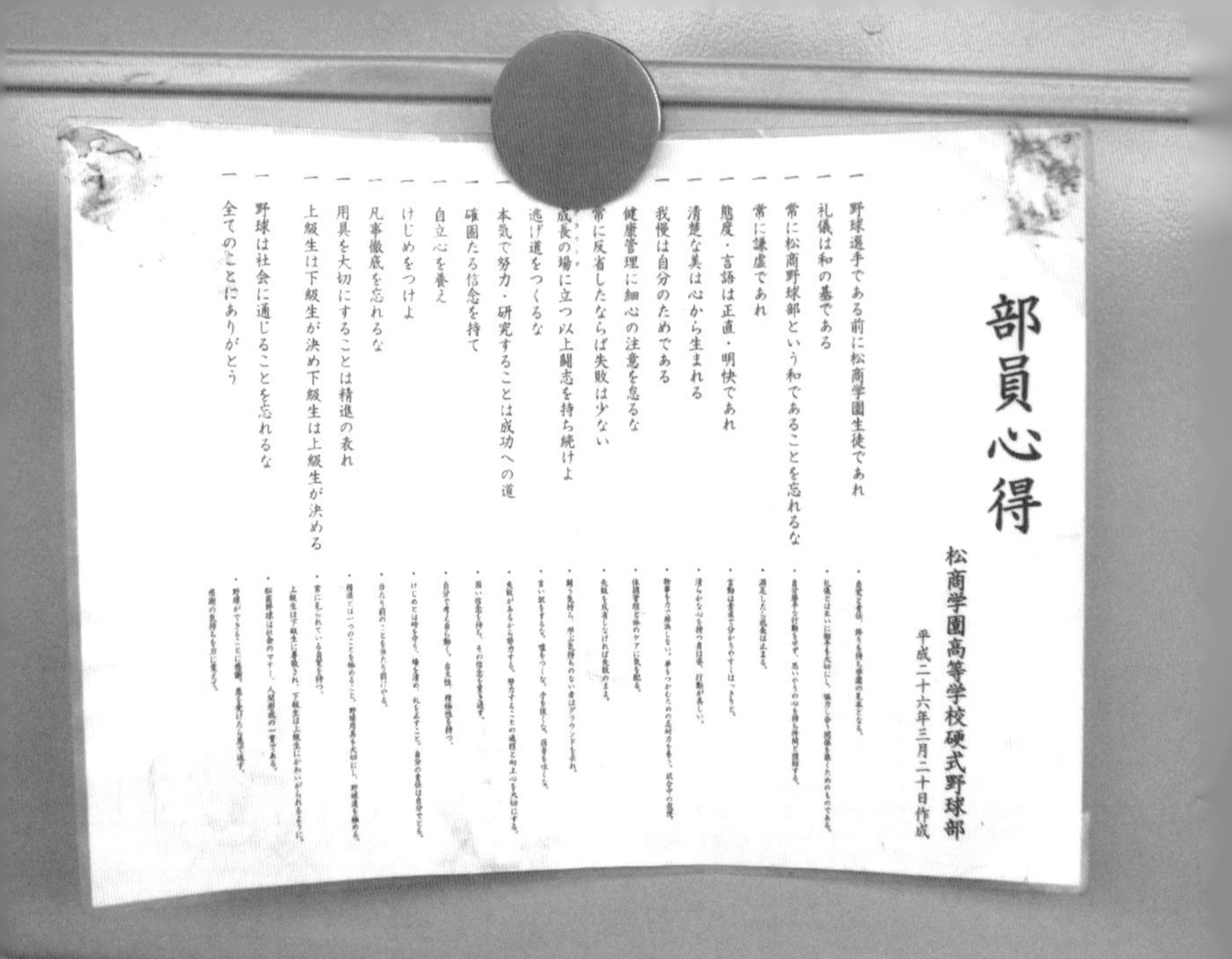

部員心得

松商学園高等学校硬式野球部
平成二十六年三月二十日作成

一 野球選手である前に松商学園生徒であれ
一 礼儀は和の基である
一 常に松商野球部という和であることを忘れるな
一 常に謙虚であれ
一 態度・言語は正直・明快であれ
一 清楚な美は心から生まれる
一 我慢は自分のためである
一 健康管理に細心の注意を怠るな
一 常に反省したならば失敗は少ない
一 成長の場に立つ以上闘志を持ち続けよ
一 逃げ道をつくるな
一 本気で努力・研究することは成功への道
一 確固たる信念を持て
一 自立心を養え
一 けじめをつけよ
一 凡事徹底を忘れるな
一 用具を大切にすることは精進の表れ
一 上級生は下級生が決め下級生は上級生が決める
一 野球は社会に通じることを忘れるな
一 全てのことにありがとう

この20条の下には、注釈もつけて、一つひとつの言葉を説明する文字も掲載されている。新たな部員心得が完成し、練習自粛期間が明けてからは、部員たちの野球日誌の中身も変わった。

「野球ノートも、まず『今日の一条』と頭に書いて、チームでその日、みんなで徹底しようと決めた一条を書くんです。そして、その一条に対してのその日の振り返りを書き、練習での振り返りを書いていく。例えば、『常に謙虚であれ』が今日の一条だとしたら、練習のバッティングでどれだけ飛ばしたとしても、調子に乗るんじゃなくて謙虚にやっていこうとか。『健康管理に細心の注意を怠るな』が今日の一条だったら、必ず徹底してご飯の前に手洗いうがいをしようとか、つねに部員心得を意識して、生活をしていました」

そう浅野は言う。監督の足立も当時をこう振り返る。

「選手たちが言葉に魂を入れたと僕は思っています。企業にも、会社はどうあるべきか、なにを大事にするべきかという企業理念があるように、チームにも必要なんですよね。あれをやっちゃいけない、これはダメだよと指導者が否定するのではなく、自分たちの行動規範を選手たちだけで作ることに意味がある。しばらくは野球ノートにも今日の一条と書

いていましたが、いまでも、練習が始まる前は全員で部員の心得を唱和してからグラウンドに出るようにしています」

チームとしての方向性が決まってからの松商学園の成長は早かった。そして3月から8月までの半年間、一切試合ができなかった彼らを最も成長させたのは、ぶっつけ本番となった秋の公式戦だった。

「謹慎処分が明けた翌日から秋季大会が開幕しました。開幕の翌週に初戦を迎えましたが、不安はなかったです。秋は挑戦者の気持ちで、新チーム発足後に立てたスローガン『全てに感謝、我武者羅（がむしゃら）に』を胸に全員で戦いました」

そう話すキャプテンの酒井俊樹。この秋、松商学園は、あれよあれよという間に勝ち進んで、秋季長野県大会では決勝で長野日大高校を6対1で破って優勝を果たす。さらに秋季北信越大会では、初戦の北越高校に11対10で勝ち切ると、準々決勝では金沢高校に6対5、さらに準決勝では中越高校に4対3とすべて1点差ゲームを制して勝ち上がった。決勝戦こそ、敦賀気比高校に0対6の完封負けを喫したが、見事、春の選抜大会出場の当確ランプを灯した。

そして、部員心得を作り上げた3月20日から約1年後の2015年3月24日。

松商学園ナインは、阪神甲子園球場にいた。
7年間、遠ざかっていた甲子園。春は、1991年以来、24年ぶりの選抜大会出場を果たした。野球ができず、苦しんだ時期を乗り越えた選手たちが、古豪・松商を再び復活させたのだった。

試合は、初戦で好投手・高橋純平を擁する県立岐阜商業高校に1対4で敗れたが、再び歴史を動かした大きな一歩となった。

「当初、秋は県大会に行けるかどうかも分からないチームで、誰ひとり選抜に行けるなんて思ってなかった。もちろん、行こうという気持ちはあったけど、自分たちの力がそこまであるとは思ってないわけですよ。それでもなぜ選抜に出場できたかって、よく聞かれましたけど、なにも変化はないんです。ずっと通過点だっただけ。勝っても通過点、負けても通過点。負けたからっていままでの努力が間違っていたわけでもない。だから、すべては夏。夏に向けてチームは歩いてきました」

監督の足立は、春の選抜をそう振り返った。選手たちも気持ちは一緒だった。選抜に出たことで、歩みを止めた選手はひとりもいなかった。彼らの野球日誌には、夏の大会に向けて、チームや個人の課題が日々綴られていた。

副キャプテンの松原領汰は日誌にこう書いた。

4月12日（日）
VS日本文理、市立船橋

今日はチームとしてファーストストライクとセンターに低い打球というのをもう一度、徹底しようってなったが、まだまだだったと思う。〈略〉

今日、日本文理の試合で14失点っていうのは、自分の責任である。

やっぱり、その投手の決め球っていうのを、できるだけ使わず、ピンチの時や三振をとりたい時に使わないと、打者もそのボールに対して目が慣れてくる。

だから、配球っていうのを今以上に考えて、ピッチングの時から投手と配球の意志っていうのを統一しておく。足立先生、質問なんですけど、今日みたいに投手が一人になってしまうっていうか、そういう時は、捕手としてどういう言葉を伝えれば良いのですか。

松原のように、日誌を通じて、監督に質問をする部員も多い。足立は、こうコメントを

返していた。

タイムをとることに対し、甲子園を意識してきたからか少なくなっている。

必要と感じたら投手の所へ行く

後は日常の練習からコミュニケーションを増やすこと

松原は、

「野球ノートを通じて足立先生に教えてもらうことは多いです。学年が上がるにつれて、質問も、より具体的に聞けるようになってきました」

と話す。この2週間後には、選抜大会初戦で対戦した県立岐阜商業高校との練習試合が行われた。

4月26日

今日はセンバツで負けた相手でリベンジをしようと思ったが、負けてしまった。

今日の反省点、自分の中ではたくさんある。

自分はイニングごとのセカンド送球はいいボールがいくかもしれないが、試合になって、いつランナーが走るか分からない状況になると、イニングごとのセカンド送球とは違ってしまう。やっぱりどこにきても、しっかりと投げられるように、ピッチング練習の時から常に盗塁があると思ってやり、どこにきても、動けるような姿勢というか、構えをしっかりもって、今以上に意識を高くもつ。〈略〉

バッティングは今日言われたスイングでもう一回、軸をしっかりして、スイングでいい音がでるようにする。昨日の試合、今日の試合をみても、皆、あてにいったケースが多かったので、もう一回、腰で打つことをやる。

今週、チームとしてスイングを増やすことと、自分としての課題に打ち込む。

「信頼」女房役

足立は「これをやればやがてこうなる　それを信じてやる」と、女房役の背中を押すコメントを添えた。

現在の松商学園の野球日誌の提出は毎日。監督からのコメントは2日に1回、記載されて返ってくる。選手たちにとっては、監督のコメントが待ち遠しい。そんな足立からのコ

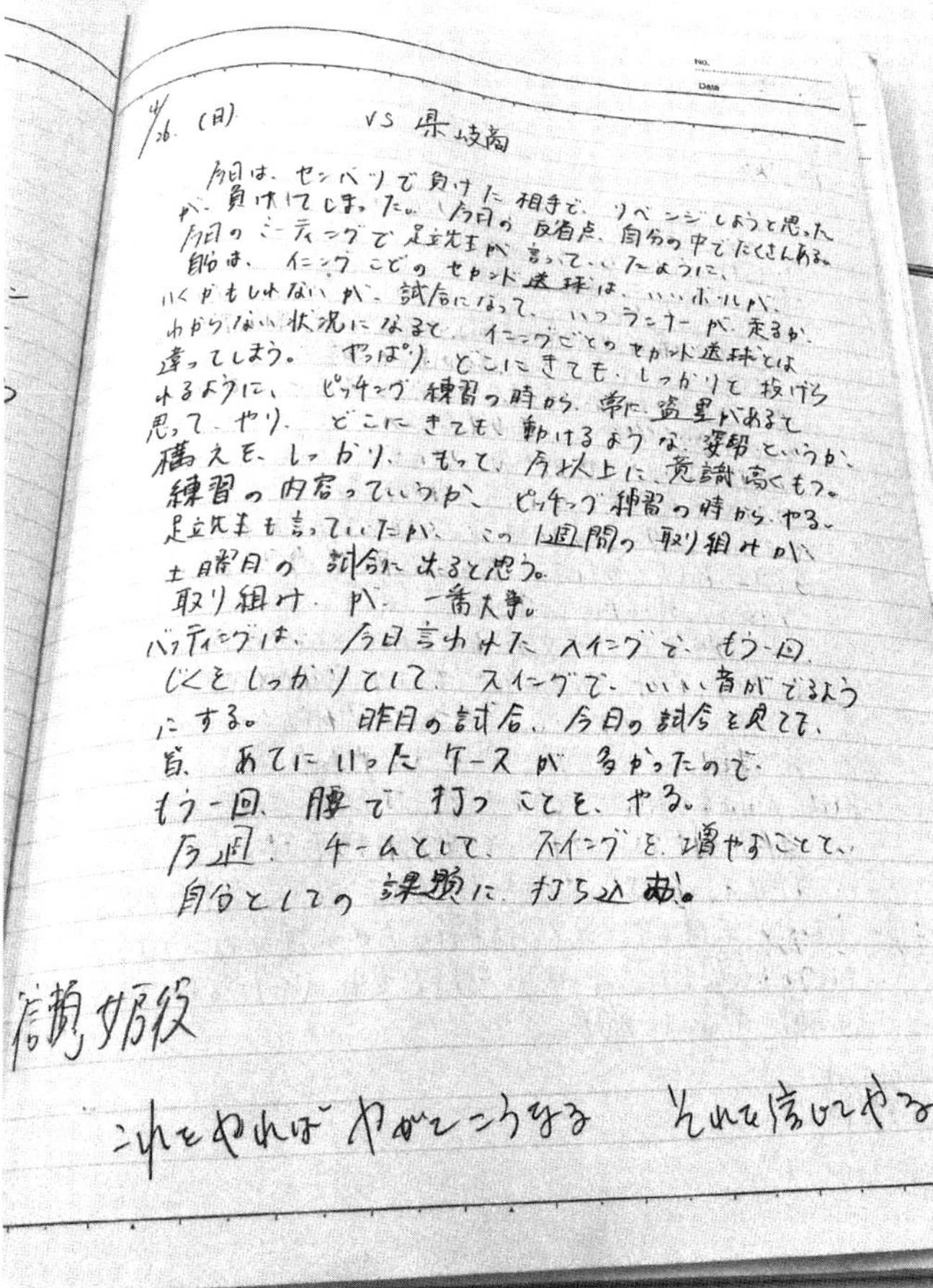

4/26 (日)　VS 県岐商
今日は、センバツで負けた相手で、リベンジしようと思った
が、負けてしまった。今日の反省点、自分の中でたくさんある。
今日のミーティングで足立先生が言っていたように、
自分は、イニングごとのセカンド送球は、いいボールが
いくかもしれないが、試合になって、いつランナーが走るか
わからない状況になると、イニングごとのセカンド送球とは
違ってしまう。やっぱり、どこにきても、しっかりと投げら
れるように、ピッチング練習の時から、常に盗塁があると
思ってやり、どこにきても動けるような姿勢というか、
構えをしっかりもって、今以上に、意識高くもつ。
練習の内容っていうか、ピッチング練習の時からやる。
足立先生も言っていたが、この1週間の取り組みが
土曜日の試合に出ると思う。
取り組みが一番大事。
バッティングは、今日言われたスイングで、もう一回
じくをしっかりとして、スイングで、いい音がでるよう
にする。昨日の試合、今日の試合を見てて、
首、あてにいったケースが多かったので
もう一回、腰で打つことを、やる。
今週、チームとして、スイングを増やすことで、
自分としての課題に打ち込む。
これをやればやがてこうなる　それを信じてやる

メントで、自信を取り戻した選手がいる。4番・新倉健太だ。

全てに感謝、我武者羅に

4月24日（金）

今日の練習は短かったけど、2時間弱の中でも1球1球に集中してやっていく事が、密度の濃い練習になっていくので1球に集中していく。フリーでは左腕を意識していて、逆に肩が先に上がってしまって、ヘッドが下がってフライになってしまっていた。

それは良くないので、もっと左の使い方を覚えていく。

ミックスでより実践の中で1球目が合っていなかった、ここが大事なので、どっちがどのコースに来ても打てるようなタイミングの取り方をして、ファーストストライクをしとめていく。〈略〉

今こそチームの四番として頼れる存在に！

「秋は4番じゃなくて、4番目と言われていたんですが、ノートに『四番』と書かれていたのが、すごくうれしかったです。そんな足立先生とのやり取りも含めて、昔の野球ノートは時々見返しますね。去年の新チームになったときになにをやってたかな？　とか、部員心得を作った当初より、部員心得への意識が薄れてないかなとか。意識しないと、チームで決めたものって忘れていってしまうから、練習前に部員心得を全員で唱和してますけど、今年のチームスローガンも、毎日、ノートの1行目に僕は書いているんです」

ときを経て変わらないもの

ピッチャーの小澤駿も、チームとしても個人としても鍵になりそうな情報は、ノートにすぐに書くようにしているという。

「チームで大事にしていることは、忘れないようにノートに書いています。とくに、これは忘れちゃいけないことだなと思うことは、それが分かるように大きく書きます。監督から言われたことも、これは忘れないうちに書き留めておこうと思ったことは、ノートを持ってきてすぐに記しています」

60年前の大塚氏のノートにも、「教官の言」と記して、その日の練習で監督から言われたことを忘れずに記載する頁も多かったが、監督からの返事は一切なかった。それが、一昔前の監督と選手との関係だったのだろう。

ただ、昔もいまも変わらないのは、チームで決めたことに対して、各選手が野球日誌できちんと振り返っていることである。とくに、時代を問わず多いのが、この項目だ。

〈1930年代の部員心得〉
・清楚な美を持て
・用具を大切にする事は精進の表れ

〈2014年以降の部員心得〉
・清楚な美は心から生まれる
・用具を大切にすることは精進の表れ

この2条について、それぞれにこんな記述が残っている。

例えば、2015年5月6日、春季大会の中信大会代表決定戦で松本蟻ケ崎高校に3対

1で辛勝した松商学園。部員たちの日誌には、部室についての記述が目立った。

（浅野弘宗の野球日誌）

試合から帰ってきたあと、全員でグラウンドや室内、部室の掃除をした。去年の秋に勝っていたときはきれいだったが今は汚い。今、チームの調子は悪い。だから良いときの状態に戻そうとやった。そうじしてきれいになったので、このきれいのレベルを維持していかなければいけない。続かないのが自分たちの悪いところ。継続できればチームも変わってくると思う。

この日以外にも、ロッカーの汚れやトイレ掃除についてなど、選手たちの日誌には、これらの記述が実に多い。これは、大塚氏の野球日誌でもそうだ。「部室は何時も美しくして置くこと」といった言葉の他、あるときには、後世に向けての記述も残されていた。

次に紹介するのは、胡桃沢監督から、部室などの整理整頓を自主的に行うことについての話があった日の日誌だ。

三月二十七日　土曜日　天候　晴（強風）

『本日、教官の言を聞いて感じた事』

吾々の周囲に当る処の環境の総ては他の学校に於いては決して見られるものではないと思う。吾々はこれ位の環境は当然の事だなどとは決して思う事が有ってはいけない。

実際、我々松商球児は幸福なる環境を持っているのだ部屋の中を見ても指導方針を一見してもわかる。〈略〉

成程　松商野球部は四〇年からの古い歴史をもっていて全国優勝した事もある。然し今、吾々の周囲に存在する指導方針と球親会の設備などの良き環境は決して野球部創立当時から有ったものでなく、教官が来校されてからの事である。〈略〉

指導者、家庭、学校、球親会、後援会、選手等の関係者が一心同体となって松商野球部の真の方針を体得して一つの基道にのり永続するまでを願い、吾々は此の様な有難き環境を後世への最大遺物として常に注意を怠らない様にする一方、吾々に課せられた処の「環境の整備」と「五年連続出場と一敗地の実情」とを十分なる精神力をもってはたさねばならないのであろう。

真に野球部を愛し、そして環境の整理整頓を自主的精神をもって常に怠ることなく常善したならば、「其の成果」は必ず吾々の手に舞い戻るのであろう。吾々は「其の成果」なるものを最大なものとしたい。

以上

大塚氏の思い、そして当時の松商学園の選手たちの思いが汲み取れる記述である。部の方針に沿って、深く振り返っていくこと。

それが、足立も野球日誌を本格的に取り入れる上で選手たちに常々話してきたことでもある。先に話していた足立の言葉。

「僕がノートを書き続けたのは、ひとつはその日のことを振り返ることで自己実現していくためのものだと考えていたからです。書くことで自分自身の信念が固めていける。また、どれだけ深く振り返ることができるかが次の日につながっていく」

どれだけ深く振り返ることができるかで、次の日に、また次の日へと、つながっていく。

それはやがて、次の時代へと、つながっていくものになる。

半世紀以上前から、大事に受け継がれてきた15条の部員心得と、その心得に基づいて、

野球日誌に日々の振り返りを綴ってきた松商学園の部員たち。そして今回、新たな魂が吹き込まれた20条の部員心得は、野球日誌の伝統とともにまた次の世代へと遺されていくだろう。

選手心得

一 試合は一に斗志 二に斗志 三に氣合
二 相手を事前に知る事は一歩先の有利なプレーを意味する
三 試合は全力活用もって憂なし
四 油断するな なめるな そして恐るる事なかれ
五 捕手が投手の投球を上手に捕れば捕る程投手は好調になる
六 常に打者の弱点を看破し機敏なる動作で処理せよ
コントロールを持たぬ投手は何物をも持たぬ投手だ。良いコントロールは
七 投手が打者に対して何時如何なる球でも投げ得る事を意味する
八 プレィヤーは投必殺、特にスケールに於る捕手の任務重大なり
九 投球はたやすい位置へ常に念頭から忘れるな
各プレィヤーはスタンドプレーは厳禁、重い荷を攻道に押えてる
真険なる力の結果を意味する。
一〇、スライディングをする時は断固として行え、躊躇すると重大な足を挫く
一一 一塁手は片手で球を取る物ではない。間に合わぬ時だけ片手を使え
一二 ランナーは球から目を離すなけん制球やかくし球でアウトになる様な選手は見ぬ球に集中してない証拠だ
一三 耳と目で勘を働かし 勘が純いと動作も純る。
一四 S.S.などは常に積極的に球を処理しなければいけない。球に追い廻されては万事休す
一五 出足は隼の如く勇敢に自信を持って球に飛びつけ
一六 緩いゴロは突進せよ、強打された、総ての球を食止る必要あれば胸で
其の球を食止めよ そしてアウトにせよ。
一七 間合わぬと見たら球は投げるな ランナーをけん制偽投しながら他の
ランナーを刺殺する機会を探せ
一八 失策は付きものだ、直に良心的処理をせよ そして氣にするな
一九 失策は共同責任だ 一気合掛けて次後の準備をせよ。

二〇 失策凡失事故の有った場合 捕手は直ぐに次後策に警戒姿勢を忘れるな。
二一 球のゆずり合は大禁物。先に声を掛けた人にまかせろ そして野手は[illegible]
二二 ベンチに居る者は守備攻撃は心と動作でそして、プレイの進行場面を常に把握せよ。何時、如何なる場合に交代プレーを行うかわからない
二三 外野手の後守、誰れもいない。常に出足は早く最少限度に処理せよ そして一秒と言えども早く内野に送れ。
二四 カヴーは仕勢、一投しに実行せよ。たった一つのカヴーを怠った時に暴投事故が起る
二五 内野手は投手のカヴーを怠ると一大事
二六 各プレイヤーは守備に際しては、自分の所に来るものと自信と準備を持ってすれば常にすきはない。プレイを行える。
二七 サクリファイスバンドは自分は死ぬ事だ故に確実に行え(ストライクバンド持に注意)
二八 ストライクバンドは出来るものと自信を持って固くなるな。そして如何なる球もバットにあてよ。而もゴロで
二九 凡飛、凡ゴロでも塁迄は全速力で走れ 如何なる事が惹起するかはこれが野球の神秘だ
三〇 サインは厳守断固として敢行せよ 若し失敗しても選手には責任はない。それ故に最善をつくせ
三一 サインは羅進盤すみやかに察知せよ。意心伝心そう言う時に成功は生れる。半身半疑の時は勇敢に
三二 サインを忘れては盲人の野球に均しい
三三 打者は自身を以て積極的で有れ のまれるな。
三四 カーヴ、ドロップは腰を崩すな。スローボールと思え

三五 打者は山勘野心は禁物、ストライクポイントを直視せよ。そして眼は
三六 ピンチを際しては烈々たる斗志を振起せよ。そして冷静にトリックを準備せよ
三七 選手同志のサイン徹底は九死に一生を得る事だ
三八 審判者には礼を以って下せ 判定には従順なれ 気に掛けてはならない 疑問の時、当事者はすみやかに丁寧に申込み判定を待つ。若し ルール違反の場合には、主将は素直に申込む事だ。審判者も選手同様未完成なり
三九 試合を捨てるな 最後の一人がアウトになる迄試合の結果はわからない
四〇 グラウンドに入れば親子と言えども そして敵、各々の言動を頭に入れてはならない。学生野球は真険な野球有るのみ
四一 コーチは味方の 共に試合運行を有利に導き、又瞬時を利用して相手の心理を補え。(躁)言動を持って動揺を持って徒す
四二 きびきびとした態度と明確なる大音聲を持って判断能力を活用し手で指示方行示す
四三 コーチは次噴、特に頭に入れよ。野手の視察能力、スタート走力、次打者 アウトカウント、ボールカウント、得点差回数(一ー三、三ー六、六ー九)
四四 務有、務卿は老人の野球に均し 務有、務卿は選手の生命なり
四五 選手は言訳、談事は厳禁つめ 良き選手程、腹の底におさめて置く。そして自己の責任、解消は口で談すべきではない。
四六 選んだ長を心良く盛立てよ。其の尺度如何でチームの人望の増減を意味する。先ず盛立てよ。泉の如、力量は親和の殿堂に有り
四七 選手は、自己卑減する楽しみを他に求るな。自己の本心出する

すなわち、律せよ。攝生は意志に有り夜更、不眠、暴食、酒、タバコ
四八、愛の鞭も良く選んで鞭の心要入せよ、おのずから道は開かれる。
四九、より良き選手たらんには、常に健全なる心身に有り、卿、律せよ。
攝生は意志に有り、夜更し、不眠、暴食、暴飲、酒、タバコ、異性
これは、最も有害中の有害なり
五〇、腹、肩、足を冷すな。時に腹は活動力なり、何、大之大切な言う時に
最大なる最危に見舞れる。
五一、練習と試合を区別するな、練習は常に試合なり、試合は練習
で得難い微妙なプレーは収得する。
五二、先ず練習だ、目の色変えて、今日之心技の練習有るのみ
五三、穴の有る選手程、基本練習を軽視し研究、努力が見られない、
其の様な選手の時に一点を争う時に面會する。
五四、正しい心意的態度は、野球選手の成功の基礎で有る。それは
勝つと言う意志熱心なる研究ですでに体得した事をしっかり
と持ち続け知性等によって構成されている。

以上

(一) 内野手の心得

1. 投手がボールを投げ様としたら体重を前方に掛けてどんな方向にも動く用意をせよ
2. ボールが自分の守備している方に打たれたら何処に其のボールを投げるべきかを考えよ
3. 左打者が打席に立った時、バントをやろうとする打者に対しては、一二歩前進せよ。
4. 高くバウンドした所か、ショートバウンドした所でゴロをつかむ練習をせよ。
5. ボールをファンブルしたらすぐ飛んで投げる真似をして塁を離れた走者を刺す事を企てよ
6. 内野の後方に打ち上った小さいフライは取りにくそうに見えるが追うな、二人寄れば外野手の方が扱いなれているから
7. 不必要な投球や不注意なプレーが試合を決定する要因となるのだから常に頭を冷静に保ってチームメートの指令に耳を傾けよ
8. 内野では常に大きな声を掛け合い互いに協力せよ
9. 他にすることがない時は塁をカヴァーしたりバックアップしたりせよ
10. 自身を分析批判し自己の欠点を探して弱点を克服する様に努力せよ

足を投げる方向に向けて
ゴロを捕る場のかまえ

おわりに

「野球ノート」の取材を行ったあとに感じることがあります。それは、球児たちの言葉の豊富さやひたむきな思いへの感心だけではない、なにかいまの自分に足りないものを持っている彼らへの羨望、いやもしかしたら嫉妬に近い感情といえるかもしれません。

はっきりとした夢を公言できる姿勢。

切磋琢磨し、喜怒哀楽を共有できる仲間。

彼らのことを本気で思い、育ててくれる指導者。

球児は私たちにないものを持っているのではないか——。そんな思いに駆られるのです。

ただ、取材をまとめ、原稿を読み返すと、不思議とその思いは前向きなものへと変わっていきます。

私たちだって、夢を追い、仲間をつくり、人を本気で思うことができる。必要なことは、それを「言葉」にし、行動に移していくことではないだろうか、と。

だからこそ、私たちはこの「野球ノート」を本にしたい、少しでも多くの人に「球児たちの物語」だけではない「自分たちの物語」をつくるためのきっかけにしたい、と思っています。本書を通じて少しでもそんな思いを抱いてくださる読者の方がいればこんなに幸せなことはありません。

高校野球ドットコム編集部

高校野球ドットコム

頑張る球児を応援する高校野球専門メディア。
野球部顧問、インタビュー、トレーニング、栄養学、コンディショニングなど
高校球児に向けたコラムを連日配信する。

www.hb-nippon.com

※本文内に引用されているノートの文章は、
原文に沿った上で一部、文字の校正を行なっております。また一部敬称を略しています。

口絵　P1／佐賀北高校　P2（上）静岡高校／（下）佐賀北高校
P3（上）健大高崎高校／（下）四條畷高校　P4（上）松商学園高校／（下）向上高校

野球ノートに書いた甲子園3
流した汗は、グラウンドだけではない

2015年8月20日　初版第1刷発行
2015年9月5日　初版第2刷発行

著者　高校野球ドットコム編集部
写真　西尾和生（健大高崎高校・向上高校）
西島義宏（佐賀北高校）
近藤信行（四條畷高校）
佐藤忍（静岡高校）
真崎貴夫（松商学園）
装丁　華本達哉（aozora.tv）
協力　佐賀北高校／健大高崎高校
向上高校／四條畷高校
静岡高校／松商学園高校
発行者　栗原武夫
発行所　KKベストセラーズ
〒170-8457　東京都豊島区南大塚2-29-7
電話　03-5976-9121（代表）
振替　00180-6-103083
印刷所　錦明印刷
製本所　フォーネット社
DTP　オノ・エーワン

ISBN978-4-584-13665-2　C0075